モノを捨てると、神気満ちる

7日間で幸運体質に変わる
リセット・レッスン

Chie

When you throw things away,
you are filled with the Divine Spirit.
Transform into a Lucky Body
in 7 Days Reset Lesson.

KADOKAWA

はじめに

「願いがなかなか叶わない」

「私は運が悪い」

あなたは、そんなふうに思っていませんか？　でも、運が悪いというのは、勘違いです。願いを叶えるのって、実はとっても簡単なんです！

運をよくし、願いを叶えるには、ちゃんと方法があります。その開運法を実践したら、どんなに不運続きだった人でも、新しく幸運な自分へと必ず変わることができるのです。

本書では、その方法をみなさんに特別にお教えします。


この開運法は、東洋の叡智《えいち》「九星氣学《きゅうせいきがく》」に基づくもの。

実は私も九星氣学を知るまでは、望んでいたことがことごとくうまくいかず、自分は運が悪いのだと思い込んでいました。

立ち上げた事業は赤字続きで借金がふくれあがる一方。プライベートではつらい不妊治療をしながらも3回流産し、結婚生活も破綻して2度離婚するという、まさに人生のどん底にいたのです。

ところが、そんなときに出会った九星氣学が、私の運命を大きく変えました。

九星氣学による開運法を実践していくと、それだけで商売ではどんどん売り上げがアップ。さらに素敵な男性と出会い、3回目の結婚を果たすことができたのです。

毎日が充実してとても幸せな人生を送れるようになった私は、今では九星氣学のエキスパートとして、たくさんの人を幸せな人生へと導いています。

ではなぜ九星氣学を使うと、人生が変わるのでしょう？

▼大自然のリズムに乗った生き方ができる

九星氣学とは、地球の大自然のリズムを感じ、それに沿って生きることでよい流れに乗れる……というもの。大自然のエネルギー（神気）を取り込み、身にまとうことで運の流れが見え、誰でも望む未来を引き寄せることができるのです。

人の運にも、実はリズムがあります。

成長のエネルギーが大きく「種まき」をしたほうがいい時期も、実りのエネルギーが大きく今までの結果を「刈り取る」ほうがいい時期もあるんですね。

このリズムを無視して生きていると、どうなると思いますか？

春に収穫しようとしたり、秋に種をまこうとしたら、時期が外れているのでものごとが順調にいかなくなるのも当然ですよね。

雪の日に半袖半ズボンを身に着けて風邪を引くより、温かいセーターやコートを着込んだほうがいい。台風のときに外に出て怪我をするより、外出せずに家でゆっくり過ごしたほうがいいと思いませんか。

「冬が嫌い」「春がいい」となんとなく思っているよりも、季節の特徴をつかんでリズムに合わせた行動をしたほうが難なく生きられるはずです。

そこでこのリズムを知るために、太古の昔から東洋では、「気」という大自然のエネルギーを読む研究がされてきました。人間にはコントロールできない、この世界全体をつかさどる大いなるエネルギーなので、「神気」ともいえます。

この研究が「気学《きがく》」といわれ、中でも日本で体系化され確立したのが九星氣学です。

自分が今どの流れにいるのかがわかれば、それに合わせてどう行動したらいいのかがわかるようになりますよね。日の目を見ない時期があっても、そういうものだと思って力を蓄えていけば、いつかその力が役立つときも来るでしょう。

九星氣学は自分の現在地を示してくれて、進み方を教えてくれる人生のナビのようなものともいえます。

ナビがなければなかなかたどり着けない目的地にも、効率よく、スムーズにたどり着くことができるのです。

▼自分ワールドがあると人はどうなるのか？

人間には誰でも持って生まれたエネルギーがあります。

そのエネルギーの性質は人それぞれ違い、その人の個性をつくり上げているのです。

これを九星氣学では、一白水星《いっぱくすいせい》、二黒土星《じこくどせい》、三碧木星《さんぺきもくせい》、四緑木星《しろくもくせい》、五黄土星《ごおうどせい》、六白金星《ろっぱくきんせい》、七赤金星《しちせききんせい》、八白土星《はっぱくどせい》、九紫火星《きゅうしかせい》の9つに分けています。

それぞれの星は、一白水星であれば水、二黒土星であれば大地、三碧木星なら木や雷というように、自然界にあるもののエネルギーを持ちます。

中でもその人のメインにあたる星は「本命星《ほんめいぼし》」といって、誕生日があった年の星の位置で見ることができるのです。

九星氣学で自分の個性を知ると、自分ワールド（軸）ができて、他人と自分を比べなくなります。自己肯定感を持って、生まれた能力を生かしつつ、周りと調和しながらうまく生きられるようになるのです。

これを孔子は「開物成務《かいぶつせいむ》」という言葉で表し、「自然のルールを知り、自分の潜在能力を最大限に引き出すことで、事業が成就し、社会に貢献できる」と教えてくれています。

▼神気を意識すると「バランス」も整う

自然の流れの中には、陰《いん》と陽《よう》の両極があります。

季節でいえば、春から夏の日が長くなる時期と、秋から冬の日が短くなる時期の2つがありますよね。1日の中でも昼と夜があり、陰と陽のサイクルが繰り返されています。

その陰陽のサイクルに合わせて生きることで、神気が取り入れやすくなります。

人間の気の流れにも、陰陽があります。

失敗するときもあれば成功するときもありますし、いつもポジティブなばかりではいられず、ネガティブになるときもありますよね。それが陰陽といえます。

なぜ陰陽があるのでしょうか。それはいつもポジティブなだけ、成功するだけの経験しかしていないと、ポジティブのよさも、成功体験のよさも感じられないからです。

ネガティブの極みでどん底まで落ち込むからこそ、今度は気分が浮上していき、ポジティブな気分も味わうことができるわけです。

このように、陰陽の両方が必要だということを知った上で、どちらかに偏るのではなく、うまくバランスをとるのが上手に生きるコツなのです。

バランスが整っていくと、自分にとってよいことがあっても、調子に乗りすぎて失敗を招くようなこともなくなります。反対に悪いことがあって落ち込んでも、すぐに立ち直ることができます。

けれども現代人の多くが、陽のほうばかりを追い求めすぎて、バランスをくずしています。失敗することは悪いことだと思って成功体験ばかりを追い求める、休む時間も必要なのにいつも動くことがいいと考えて立ち止まろうとしない、といったことがその例といえるでしょう。

女性の場合はとくに、月のサイクルで体調が変化しますし、結婚や出産などで生活が大きく変わる場面が多く、バランスをくずしがち。

大きく揺れ動く波に振り回されていると、心身が消耗してストレスになり、心と体の健康にも美容面にもダメージになりかねません。

九星氣学は、そんな私たちに陰にも陽にも偏らず、両方を切り替えながらバランスよく生きることを教えてくれます。

変化の多い中でもバランスをとれば、自分のエネルギーを整えることができます。それがすこやかに美しく生きる秘訣ともいえます。

▼流れを読み取る五感が磨かれる

神気を感じることで、気づかなかったことに気づけるようになり、五感が研《と》ぎ澄《す》まされてきます。

私たちの先祖は、五感を研ぎ澄ますことで生き残ってきました。
五感をフルに使い、ちょっとした異変も敏感に察知して危険と安全を嗅《か》ぎ分け、外敵が迫っていることを知ったり、獲物のいる場所をとらえたり、食べられるものを判別したりしていたのです。

今は世の中が便利になり、五感を使わなくても生きていけるようになったために、感覚がどんどん退化しています。

しかし現代人にとっても、五感を磨くことは、よりよく生きるために必要なこと。

たとえば「鼻が利く」といいますが、嗅覚が鋭くなると、物理的に臭いを感じなくても「危険な臭いがする」ことがわかるようになります。

そのように、五感によって危険を察知しやすくなるのはもちろん、なにが自分に合っているか、今流れがどうなっているかなどがすぐに判断できるようになります。

そして自分にとって開運につながる行動ができるようになるのです。

▼何事にもぶれない「自分の軸」ができる

神気の流れを感じることで、自分が行くべき方向や、やるべきことが見えてくると、自分の軸ができます。その軸があれば、他人に惑わされず自分で選択できるようになり、自立した後悔のない人生を歩むことができるようになるのです。

反対に軸がないと、流されやすくなって、他人に利用されたり、他人の言動に振り回されたりして苦労を招きやすくなります。

例をあげると、失恋して自信喪失しているときは、自分の軸がぶれた状態になりやすいもの。そんなときほどなぜかろくでもない人が寄ってきて、流されてつき合ってしまい、後々不幸になる、というようなことが起こりやすいのです。

▼開運に欠かせない「リセット」の重要性

次にお伝えするのは、開運しようとするときに、絶対に必要となってくること。それは、本書のキーワードである「リセット」です。

運を変えるというのは、新しい自分、新しい流れに向かうということ。

新しいほうに向かいたいのに、古いものごとをそのままやっていたら、流れを変えることができません。まず古いものごとを捨てる必要があります。

いらないモノを手放すのはもちろん、合わない場所、人間関係にさよならしたり、自分の古い考え方を捨ててリセットしたりすることで、新しく神気が入ってきます。そして新しい流れが生まれ、新しいものごとも入ってくるのです。

この自然のサイクルを、気学では昔から、古いものごとの終わりが新しいものごとの始まりであって、エネルギーのサイクルにプラスだけ、マイナスだけというのは存在しない、ととらえてきました。

一白水星の持つ性質であれば、「終始＝終わって始まる」、八白土星であれば「停止変化《ていしへんか》」、九紫火星なら「離合《りごう》＝離れて合う」というように、どの星も必ず陰のエネルギーと陽のエネルギーが表裏一体《ひょうりいったい》になっています。

つまり、今あるものからマイナスしていって一度ゼロになれば、またプラスに転じていくということ。

この神気の流れを知ると、流れを変えるなら、いったんゼロにリセットするしかないとわかるので、思い切って不要なものごとを手放そうと思えるようになります。

私の生徒さんも、「合わなかった仕事を思い切ってやめると決めたら、すぐに自分に合う新しい仕事が見つかった」「結婚相手に問題があって離婚したら、もっといいパートナーに巡り合えた」というように、なにかしら人生をリセットして、さらに幸せな人生を歩んでいます。

その方々が口々に言っているのが、「思い切ってリセットしてよかった」「リセットで人生のステップが上がった気がする」「リセットする前の自分より、今の自分のほうが好き。今のほうがずっと幸せ」といった言葉。

九星氣学では、自分にとって「どの時期」に「なにを」リセットすればいいのかを知ることもできるので、新しい波にうまく乗れる方が多いのです。

私自身も、九星氣学を学んでからものすごい勢いですべてがスムーズにいき始めましたが、それは今までの生き方を思い切ってリセットしたからだと実感しています。

▼「リセット」で私も大きく運命が変わった

その経験をもう少し詳しくお話ししましょう。

九星氣学に出会うまでの私は、変化がとても大きく、安定しない人生をずっと送っていました。

子ども時代は、生まれたときから父親が転勤族で、2年と同じ場所に住んでいたことがなく、日本各地を転々としています。

大学卒業後は両親の出身の香川県に戻ったのですが、結婚と離婚を2回繰り返し、また約2年ごとに住む場所が変わりました。

仕事ではネイルなど美容系のサロンを開業し、お店をいくつか持ちました。

けれどもその経営がうまくいかずに、借金を重ねて、最終的にはちょっとした家や高級外車が買えるくらいの額までふくれあがったのです。

なにもかもうまくいかなくなり、どん底の時期に出会ったのが、九星氣学でした。

九星氣学で調べたときに、なぜそうなっていたのか、はっきりとわかりました。

すべてにおいて、うまくいくのとは真逆のことをしていたのです。

そのひとつが、お店を出したのが、運の弱い時期で、弱い方角だったこと。

一等地に大きなお店を構えていたのですが、そこに決めたのは「こういういい土地に大きなお店を出している自分はすごいでしょ」と見栄を張る気持ちが強かったからでした。

人づき合いでも、自分のよいところを生かすことができず、悪いところばかりが出ていました。九星氣学の星が表すそれぞれの個性は、自分の生かし方次第で、吉と出ることも凶と出ることもあります。

私の場合、本命星は六白金星で、本来、人と接していくことでダイヤのように磨かれて輝くことができる性質。その反面、謙虚さを忘れて、他人に対して冷たく高飛車に接していると、どんどん人間関係が悪化していきます。

当時はまさにそんな接し方をしていて、「私のやり方が嫌ならもう結構」とバッサリ人を切るようなことばかりしていたので、お客さんやスタッフが離れていくのも当たり前だったのです。

調べれば調べるほど、自分のやることなすことすべてが裏目に出ていたことがわかり、愕然《がくぜん》としました。

でもそこで、「だったら反対に、すべてにおいて運の流れを生かすようにしていけば、うまくいくんじゃない？」と思ったのです。

そこで、九星氣学を真剣に学び、ひたすら実践していきました。

見栄を捨て、今まで築き上げたものを全部捨てて、時期も方角も性格も、凶だったものを全部リセット。なにからなにまで全部を吉のほうに切り替えたのです。

持っていたお店はどこも場所がよくないとわかり、すぐにすべての店舗を閉店。店舗数を絞った上で、運の強い時期に強い方角を選び、別の場所にオープンしました。

持って生まれた性格をどう生かせばいいかもよくわかったので、人とのつき合い方も変えていきました。

すると、人間関係もよくなり、お店も前より不便な場所に移転したにもかかわらず、お客さんが順調に入り始めたのです。売り上げは右肩上がりに増え、借金もあっという間に減っていき、3年で完済できました。

また九星氣学で見ると、私には変化の星が多く、安定した星がまったくないことがわかりました。そこでそれまでの生活スタイルを一新し、「安定」を意味する星を生かす工夫をしていきました。

そうしているうちに、生活が落ち着いてきて、よいパートナーと巡り合い、3度目の結婚をすることができたのです。結婚でさらに生活が安定し、あれほど引越ししていた私が、生まれて初めて10年間同じ場所に住み続けることもできました。

▼「離婚」は大きなリセットだった

後で考えてみたら、2回離婚したことも人生に必要なリセットでした。

というのも、離婚するのはとてもエネルギーがいること。それでも思い切って行動に移したら、その度にもっといい相手に出会えて、さらにいい結婚生活が送れるようになったからです。

こうして、「誰もが幸せになれる九星氣学をもっとみんなに活用してほしい！」と強く思うようになった私は、仕事と並行して九星氣学を広める活動を始めることにしました。

するとまたたく間に広がり出し、お客さんが大変な勢いで増え始めました。

あるセミナーは、初めて開催した年に参加者が8名だったのが、翌年の同じ時期には100名を超えていたほどです。

しかも「教えていただいたことを実践したら、願いが叶いました！」といった喜びの報告もたくさん寄せられるようになりました。

「これが私の天命であって、思い切って九星氣学の道に専念すべきなのかもしれない」

と、しだいに思うようになったのです。当時はサロンの売り上げも順調に伸びていたので、決断に悩みましたが、最後には思い切ってお店の経営から退きました。

しかも同じ時期に、プライベートでも、何度も流産しながら長年続けていた不妊治療をやめるという、人生で最もつらい決断を下したのです。

九星氣学で見ると、それがちょうど私にとって、リセットして再スタートを切る流れのとき。まさに公私ともに断腸の思いで大きなものを手放し、完全にゼロから新しい人生を始めたのです。

それからは、九星氣学の活動がますます順調にいき始めました。お客さんは増え続け、たくさんの新しい企画も立ち上がって、どれも大成功。テレビに出演し、有名な芸能人を鑑定する機会をいただいたことも。ＹｏｕＴｕｂｅは始めてすぐに収益を上げられるチャンネルになり、出版の話も数社からいただいています。

そのように、思い切って自分にとって大きなものを捨てた分だけ、新しい大きなものが手に入ったのです。こうした自分の経験から「開運するのに特別な能力はいらない、誰でもできる」といえるのです。

ただ神気の流れに合わせて行動し、リセットを繰り返せばいい。とても簡単なことです。

といっても、具体的な行動の方法を示さないと、なにをしていいかわからないかもしれませんね。そこで本書では、誰でもすぐに始められる実践法をご紹介していきます。

九星氣学の知識に基づいてはいますが、その理論はなるべくシンプルに説明してわかりやすくしたつもりです。

開運実践法は大きく7つに分けられます。
それを本書では1日1テーマでレクチャーしていきます。

1日目は、「睡眠」の質を上げるための具体的な方法をお教えします。睡眠は心と体をリセットするためにとても重要なこと。寝具を新調したり、寝る場所を変えたりとこれまでの固定観念を捨て、眠る場所を一新していきましょう。

2日目は、不要なモノを捨ててリセットし、気の流れをよくします。使わないモノ、高くて捨てにくいモノも一気に捨てておそうじします！

3日目は、おそうじと言葉のリセットで金運をアップし、お金に困らない体質にします。金運を下げるモノや言葉を使っていませんか？　こちらも私と一緒に見直していきましょう。

4日目は、暦《こよみ》に合わせて四季を感じ、バランスを整えていく方法です。節分、春分、秋分、土用のように大事な節目の日や、開運日の過ごし方について解説していきます。

5日目は、願いを叶えるために効果的な神社参拝の仕方。マナーや参拝の仕方などいろいろありますが、私なりの解釈をお伝えします。今までの常識はいったんリセットして、参拝時に実践してみてください。

6日目は、恋愛運をアップ。口に出す言葉、口から入る食事をリセットし、陰陽のバランスをとっていきましょう。夫婦仲の改善や、恋愛以外の新しいご縁を招きたいときにも有効な方法です。身に着けるべきアイテムについても言及します。

7日目は、これから大きく変容する世の中の流れに乗る生き方をお伝えします。いよいよ古い価値観をリセットしなければいけないとき。願いが叶う方法を実践し、軸を持って自分だけの人生をよりよく生きていってください。

7つの方法は、どれも日常生活ですぐに始められることばかり。

日常の小さなことをコツコツ積み重ねていけば、いつの間にかあなたは、すっかり開運体質に生まれ変わっているはずです。とくにこれからの時代は、今まで不可能だったことも実現が可能になってきます。

ですから「どうせ開運なんて無理でしょ」「望みを叶えるなんてできない」というような考えを、まず捨ててください。

今までどんなに不運だったとしても、関係ありません。神気を身にまとうことで、誰でもいつからでも、古い流れを全部断ち切って、まったく新しくすることができるのですから。

さあ、今すぐ古い自分をリセットし、新しい自分のスタートを切りましょう！

Contents

Day 2 古いモノとおさらば！ 「おそうじ」のレッスン

Day 3

困りごとがなくなる「金運アップ」のレッスン

Day 4

吉凶を左右する「開運日」の過ごし方のレッスン

Day 5

神様からパワーをいただく「神社参拝」のレッスン

Day 6

想い人との縁をつなぐ「恋愛運アップ」のレッスン

Day 7

思いどおりの未来を作る「願望実現」のレッスン

STAFF
ブックデザイン／菊池 祐
本文デザイン／今住真由美
編集協力／橋本留美
DTP／エヴリ・シンク
校正／ぷれす
編集／杉山 悠

Day 1

良質な眠りへと誘う「寝室づくり」のレッスン

「休む」と「動く」のバランスを重視する

これから開運法をお伝えしていきますが、その「開運」という文字には、運動＝動くことで運が開くという意味が込められています。

つまり、基本的に行動しなければ運は開きません。運を変えたいなら、自分で行動を変える必要があるということです。

ただ、誤解されやすいのですが、ここでいう行動というのは、前に向かって積極的に進んでいくことばかりではありません。

寝て休む時間を作って疲れを取ったり、静かに自分自身に向き合ったりするといった「静の行動」も行動です。

現代では、いつも休まず働いて、どんどん自分で道を作っていくことばかりがいいと思われていますが、そればかりが行動ではないのです。

本当に大事なのは、休むこと、動くことのバランス。

今までやみくもに動いていたのをあえて立ち止まってみる、というのも、行動を変えることになります。

あなたが今疲れて頑張れないのであれば、思い切って休むほうに行動を変えて、バランスをとりましょう。

しっかりと静の時間を大切にして、自分のメンテナンスに時間をかけないと、バランスがくずれ、結果的に動の時間もパフォーマンスが落ちてうまくいかなくなります。

リラックスする時間は「お金にならない」「なにも生まれない」と考えている人もいるのですが、そういう一見無駄と思える時間のほうが、幸運を作り出しているのです。

実際にどんなに忙しくても静の時間をしっかり確保しているような人は、仕事でも生産性を上げていますよ。

✦「睡眠」こそ現代人の最高の開運法

とくに現代人は、なにかと忙しく、睡眠をおろそかにしがち。
「寝ている時間は意識がないから」と言って、適当にしていませんか？
残念ながら、それはみずから運を逃す行為です。
実は睡眠こそ、運気をよくするのに最も大事なことなのです。

寝ることで体の動きを止め、思考をストップさせると、1日の心身の疲れが取れて、翌日には気分を一新できます。
それこそが古い自分から新しい自分へ生まれ変わり、開運するためのリセット活動。そんな活動が毎日できるわけですから、なによりも貴重な時間なのです。

一番心がけたいのは「いかに質のよい睡眠をとるか」。

何時間寝るかより、どれくらい深く眠れるかを問いましょう。

寝つきが悪く眠りが浅いときというのは、起きているのとあまり変わらない状態で、心身をリセットすることができないからです。

深い睡眠をとると、起きている間ずっと働いていた思考がオフになります。思考がオフになればなるほど、潜在意識にあった普段気づかないものが呼び起こされてきます。

潜在意識が浮かび上がると、夢の中に大事なサインが現れたり、起きたときによいアイデアが浮かんだり、感覚が鋭くなったりして、自分の運を開いてくれますよ。

「寝殿」は「神殿」！　最大限快適にすべし

質のよい睡眠をとるために、寝室は落ち着ける場所にしましょう。なるべく外の音が響かないような、静かな場所に寝てください。

同じ家の中でも、寝てみて快適さを感じるスペースを寝床にするのがベストです。少し位置を変えるだけでも音の聞こえ方がかなり違うので、引越しや模様替えのタイミングでいろいろな場所で寝て試してみることをおすすめします。

その上で清潔さを保ち、自分にとって心地よい空間を作って、できるかぎり快適に眠れるようにしてください。空気がよどんでいたり、湿気がこもっていたりするのもよくありません。まめに空気を入れ替えたり、寝具類を干したりしましょう。

寝る場所の近くには、モノをあまり置かないようにしてください。

頭の周囲がモノでごちゃごちゃしていると、視界から情報が入りすぎて頭が休まりません。よりすっきりしている場所で寝れば、頭もすっきりします。

「動」の象徴・スマホは枕元に置かない

絶えず動いているスマホのような電子機器は、動のエネルギーの最たるものです。

基本的に寝るというのは静の行動ですから、動のエネルギーのものからなるべく離れることがベスト。

なにかが近くで動いていると、寝ていても頭が働いてしまい、神経が休まらない状態になってしまいます。

しかもスマホには情報がぎっしり詰まっていますよね。機内モードで電波を遮ったとしても、スマホの中は駆動して情報を処理しています。

スマホが近くにあるとき、私たちは自分では気づいていなくても、頭のどこかでその情報を意識しています。

寝ているときには、その情報を意識しないような状況を作らないと、脳が休まらなくなるのです。

ですから、できれば寝室と違う部屋に置くなどして離し、視界からもシャットアウトするのが望ましいです。

スマートウォッチなども、寝るときに着けておいて睡眠の質を測れるものもあり、便利かもしれません。

でも振動したりして安眠できなかったら、元も子もなくなります。なるべく身に着けないほうが無難です。

✦人の動くところや台所の近くで寝ない

寝床はなるべく人の動く場所から離れているほうがいいでしょう。

人が通ると、音がしてうるさいということもありますが、静かでも人の気配を感じたりしますよね。それは人の持つエネルギーが流れているから。

私たちは、たとえ意識していなくても人の動きをエネルギーで感じてしまうので、動きが多ければ多いほど落ち着けなくなるのです。

車通りが激しい場所も同様で、音があるだけでなく、エネルギーが絶えず動いています。引越すなら極力人通りや車通りが少ない場所を選ぶことをおすすめします。

昼間は静かでも夜は騒がしい場所もあるので、探すときは夜の環境もなるべく調べるようにしましょう。

同じ家の中であっても、通路や道路のそばを避けて寝るほうがいいといえます。

また、寝るところと台所も離したほうがいいです。

九星氣学でいうと、寝室というのは水のエネルギーを持つところ。一方で台所は火のエネルギーを持ち、火と水はあまり相性がよくないといわれています。

しかも火のエネルギーは強くてずっと燃え、絶えず動く性質があるので、寝ていても落ち着けなくなるのです。

ワンルームであれば、ガスコンロの裏に備え付けのベッドがあるような間取りの部屋は、借りないほうが無難。

ワンルームの場合、人の気配があるところや台所と寝床との間にパーテーションを置くなどして、空間を分けるのもいいでしょう。

ただし地震などで倒れる危険性があると、防災面で悪いだけでなく、不安を抱えて寝ることになります。置き場所にはくれぐれも注意してください。

✦寝具にはとことんこだわると運がアップする

安眠するためには、けっして寝床を適当にしてはいけません。
自分の体に合わないベッドで寝ていないか？
着心地のいいパジャマを着ているか？
枕やシーツ、布団も、寝ていて気持ちのいいものを使っているか？
寝具選びにはとことんこだわって、自分にとって心地いいものを使ってください。

九星氣学的には、化学生成されたものより天然・自然なもののほうが睡眠の質をよくしてくれます。できればベッドはパイプ製より木製を使いましょう。
またベッド周りになにか置くなら、プラスチックや金属より天然素材のものを選ぶといいでしょう。布団やシーツなどもなるべく化繊よりも天然素材のものにしましょう。

まずは、自分が一番心地いいと思うものにとことんこだわって選んでみてください。そのうちに触覚が磨かれて、だんだん100パーセントオーガニックコットンやシルクといった天然素材の気持ちよさがわかってきますよ。

パジャマも、自分にとってしっくりくるものをこだわって選んでください。

寝具の布製品を替えるのは、簡単にできる開運法のひとつともいえます。

布製品には古い気がたまりやすいので、使っているうちに悪い運気が根付いている可能性が高いからです。

ずっと運が悪い状況が続くように感じたら、思い切って全部一新するのも手です。

少なくとも年に1回は必ず替えて、古いエネルギーをリセットすることをおすすめします。

✦寝る場所は暖色系のインテリアで

寝具や寝る場所のインテリアには、なるべく目に優しい色を。

視界から入る色がリラックスできるものであればあるほど、睡眠の質が高まります。

具体的には暖色系で、赤などの原色ではなく、淡くてほんのりと柔らかい感じのピンク、イエロー、ベージュといった色合いがいいでしょう。

寝る前に過ごす部屋の照明やベッドサイドライトなども、暖色系の色合いにしましょう。

当然、スマホのブルーライトを見ながら眠りにつくのはご法度です。

✦カーテンは付けず朝日を目覚ましにして

朝日とともに起きるのが、自然のリズムに沿って生き、神気を取り入れるコツです。

寝室のカーテンを開けておけば、朝日の光で目を覚まし、朝日を浴びられますよね。閉めずに寝てみましょう。人目が気になるようなら、レースカーテンにするだけでもかまいません。

朝日のエネルギーを浴びると、体内時計のリセットができ自律神経が整います。

つまり、寝てリラックスしているときの副交感神経優位の状態から、活動を促す交感神経優位の状態にさっと切り替えることができるんですね。

こうするとやる気が高まった状態で、その日1日を元気に過ごすことができます。

反対に、1日中暗い部屋にいると、自然のサイクルがつかめなくなり、五感が鈍ってきます。遮光カーテンを閉めたまま寝るのはおすすめできません。

さらに、朝日で目が覚めるようになると、睡眠時間を確保するためには夜早く寝なくてはいけませんよね。

必然的に早寝早起きの習慣が身につくというのも、大きなメリットです。

とくに夜の11時頃からが体のリセット時間といわれ、この時間に睡眠で内臓を休ませることが健康の秘訣ともいわれます。同じ長さの睡眠をとったとしても、この時間に寝ているかどうかで、睡眠の質がまったく異なったものになるわけです。


最近は在宅勤務で生活が不規則になってしまったという方も多いと思いますので、ぜひ朝日を浴びて生活習慣をリセットしましょう。

休日も、疲れていてずっと寝ていたいと思う人もいるかもしれませんが、できれば一度起きて朝日を浴び、疲れが取れていなかったらまた寝るほうがベターです。

夜勤などはしないほうが望ましいのですが、夜も働いてくれる人がいないと社会は成り立ちませんよね。無理に仕事を変える必要はありませんが、できる範囲で自然のリズムを感じる生活を心がけてください。

勤務時間の合間になるべく朝日を浴びるようにしたり、夜勤がない日は極力早寝早起きしたりするといいでしょう。

✦寝る前に体のコリを取って血行を促進

寝る前にゆっくりお風呂に入ってリラックスするのも安眠の秘訣です。お風呂のいいところは、血行をよくしエネルギー循環をスムーズにしてくれること。血液の流れが滞《とどこお》ると、体内でのエネルギー循環も悪くなります。そうすると神気が体に流れなくなり、運気も停滞していきます。シャワーだけだとあまり体が温まらなくて、血液循環が改善しません。なるべく湯船に浸かりましょう。

体のコリがあるなら、エネルギーの流れが遮られ、停滞している証拠。入浴以外にもマッサージなどで、普段から体のコリをほぐしておくのも開運のポイントです。疲《つか》れた＝憑《つ》かれたと同じ。疲れた状態は悪い気が取りついた状態と思ってください。

入浴時にバスソルトを入れるのも、血行を促進して疲れを取り、悪い気を浄化してくれるのでおすすめです。その後でシャワーを使い、よく体を洗い流せば、邪気《じゃき》が取れて、心身がかなりリセットできますよ。

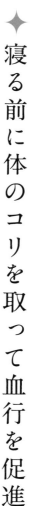

✦「理想の夢」を想像しながら眠りにつく

お風呂以外にも、自分なりにリラックスできる時間を過ごしてから眠りにつきましょう。

リラックスすれば疲れが取れるのはもちろんのこと、その日抱えていた嫌な感情をリセットできて、睡眠中まで引きずらずにすみます。

あなたは最近どんな夢を見ましたか？　夢は心理状況のバロメーター。今自分の抱えている思いが表れます。

追われている夢を見ているとき、なにかにプレッシャーを感じているのかもしれません。

嫌な夢を見るときは、忙しくてリラックスができず、寝るときまで嫌な思いをリセットできていない可能性があります。

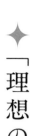

寝る前にまず気持ちを落ち着けたら、「心地よい布団に入って、快適な睡眠をとって、いい夢を見ている自分」をイメージしてみましょう。

自分が見たいと思うような、理想の夢を想像しながら寝つくのもいいことです。

夢はコントロールできないと思っている人も多いかもしれませんが、事前にイメージすると本当にその夢を見られることがあります。

いい夢を見ると目覚めたときの気分がよくて、翌日1日いい気分で過ごせ、その夢が現実になることもありますよ。

✦心身のリセットに睡眠の質は超重要

このように、寝る時間は心身のリセットに必要不可欠なもの。

睡眠を変えるだけで、あなたの運勢が大きく変わるといっても過言ではありません。

私が睡眠の重要性を説いていたら、実践した方々から「運が好転した」というご報告もよくいただくようになりました。

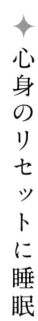

中には「睡眠の質を上げるようにし、早寝早起きをすることで、頭が冴えて肌艶《はだつや》もよくなった。しかも仕事の効率が上がって企画が次々採用された」「寝る前になりたい自分の姿を想像し続けたら、ダイエットがうまくいき10キロ痩せた」という方も。

とくに睡眠が浅い、寝つきが悪い、寝ても疲れが取れない、体の緊張が取れないといった方は、ぜひ睡眠環境を改善しましょう。

仕事や子育てでまとまった睡眠時間がとれない方も、短時間の中でできるかぎり深く眠れるように工夫してみてください。

部屋のレイアウトは、一度決めたら変えるのは大変かもしれませんが、心地よく感じられないなら、思い切って模様替えするのもいいと思います。

いくつか部屋がある家なら、いろいろな部屋で寝てみて、最も快適に眠れた場所を寝室にするのもいいでしょう。

周囲が騒がしい、明るすぎる、湿気がこもってしまうなど、寝心地の悪さが改善できないところに住んでいるなら、思い切って引越しするというのもひとつの方法です。それほど睡眠というのは大切なのです。

引越しを考えているなら、九星氣学で節分明け（2月4日前後）にその人にとっての吉方位が出るので、それを調べてよい方角を探してみてください（節分は年によって変わります）。

自分にとって快適な物件が見つかる可能性が大です。

Day 2

古いモノとおさらば！「おそうじ」のレッスン

「始める」とは古いものごとを終わらせること

最初にお話ししたように、神気の流れは、出せば入る、別れたら出会う、一度停止したら動き出すというように、必ず陰と陽がセットになっています。

その考え方は実は日本の文化にも深く根付いています。

この世に赤ちゃんが生まれるということは、裏を返せばあの世での生活が終わるということ。反対にこの世を去るということは、あの世での生活の始まりといえます。

赤ちゃんに白い服を着せるのは、この世での人生の始まりを歓迎し祝福するため。

一方お葬式で亡くなった人が白い服を着せられるのは、あの世の人生の始まりだからです。ただ周りの人にとっては、その人のこの世での人生が終わることを意味するので、黒い服を着ます。

現代では由来を知らない人も多いと思いますが、ちゃんと作法には意味があるんですね。

自然のサイクルを見ても、まず今までの流れをいったんゼロにリセットしたときに、新しいことが始まるもの。

春に田植えをして、夏に成長し、秋に稲刈りをしたら、冬は田んぼになにもなくなりますよね。

草木が成長しない時期があることで、土がそれまで使われていた栄養を補うことができ、翌年にまた稲が育つのです。

つまり、新しいことを始めたいなら、終わらせることこそが始まり。

まず古いものごとを終わらせ、いったんリセットするのが鉄則です。

「新しいことがしたい」と言いながら、古いことをしていたら、エネルギーが相反していることになり、新しい運を引き寄せることができなくなるのです。

✦一番のリセットは「片付け」と「おそうじ」

古いものを終わらせる手段として、誰でもすぐできて効果的なのが、片付けとおそうじをすることです。片付けでモノを捨て、おそうじでホコリやチリを捨ててリセットすれば、神気が入り新しいものごとが入ってきますよ。

モノを捨てる、手放す、という行為は、とてもエネルギーがいりますよね。それが大変で先延ばしにしていた人もいるかもしれません。

でも、エネルギーは循環するもの。

今あるモノを減らしてマイナスにしていく行動に大きなエネルギーを使うと、その分だけ新しいプラスのエネルギーが入ってくるのです。片付けをしたらなぜか欲しいモノをいただいた、人間関係がよくなった、といった幸運に恵まれる人も多いのですが、エネルギーの循環に沿っているからです。

さらに片付けがリセットに向いているのは、思い出や感情などよりもモノのほうが捨てることが簡単だからです。

誰しも感情を捨てろと言われても、なかなかできませんよね。

嫌な思い出を忘れようとしても、簡単には忘れられません。好きな人のことを嫌いになろうとしても、すぐに嫌いになるのは難しいはず。

でも、嫌な思い出のあるモノや、別れた彼氏からもらったプレゼントであれば、捨てようと思ったときに捨てることができます。

もちろん思い出のモノを捨てたからといって、その瞬間に感情が捨てられるわけではありません。けれども手放すことにエネルギーを使うことで新しいエネルギーが入ると、気持ちもリセットされ、過去の感情も薄れていくのです。

もちろんモノだけでなく、不要な習慣が手放せるなら手放すのもいいことです。

ずるずるつき合っている彼氏と別れる、やめようと思っていた仕事をやめるというように、本心が望んでいないことを惰性で続けているなら、思い切って終わらせましょう。

捨てたエネルギーによって、新しい出会いを呼び寄せることができますよ。

✦モノを捨てて新しい気を呼び込む

とにかくモノを溜め込んでいる人は、開運は難しいということを肝に銘じてください。

持っているモノを手放さないと、なにも得られないだけでなく、過去の自分の気がたまっているモノがあると、新しい自分になろうとするときに足かせになってしまいます。

引越しが最大の開運法といわれることもありますが、なぜかというと、使わないモノを一気に捨てることができるから。

いきなり引越しするのは難しいとしても、コツコツ不要なモノを捨てておそうじしたら、運勢は大きく変わります。

大切なモノまで捨てろとはいいませんので、まず使っていないモノや、使っていていい気のしないモノを捨てましょう。

たとえ古いモノでも、今も使っているモノや気に入っているモノは、自分の新しい気が入るのですが、自分にとって不要なモノには古い気しかありません。

今、私は出張が多くて、1か月のうち3週間ぐらいはホテルに泊まっています。ホテルには必要最低限のモノしか置いていないですよね。そこにスーツケースひとつ持っていけば、3週間とくに不便なく暮らせます。

本当に必要なモノはあまりない、ということが実感できます。

「捨てる」という表現を使ってはいますが、まだ十分使えるモノは欲しい人にあげたり、リサイクルに出したりしても大丈夫。とにかく自分のもとから手放すのです。

私もよくフリマを開いたりして、譲っています。

「壊れたモノ」は最も運気を下げる

壊れたモノを家に置いておくのは、最も運気を下げる行為です。即、捨ててください。

壊れかけたモノも、壊れているモノと同じです。調子が悪くなった電化製品、ヒビが入った食器、一部が欠けてしまった生活雑貨、よれよれになった服……。家に置いていませんか？

ただ、壊れているモノはすぐ捨てられる、という方も多いと思います。

やっかいなのは、壊れていないけれど使ってもいないモノ。使っていないけれど、まだ使えるからとなかなか捨てられないモノがありませんか？　使えたとしても、まったく使っていなかったら、持っている意味がありません。いさぎよく捨てましょう。

使っていない調理道具、着ない服、読まない本など、あなたの家に眠っていませんか？

ブランドモノが入っていた箱や紙袋、ノベルティーグッズのポーチ、ちゃんと使っていますか？

箱は再利用しにくいものなので、もし使えなければいさぎよく捨てるのが吉です。空き箱は「空の箱」と書くとおり、空っぽ、空虚《くうきょ》という意味を持ちます。持っていると、心が空っぽで人生が満たされず、空しいという気持ちに導かれてしまいますよ。

モノを見直してみて、なくても困らないものがあればそれも捨てましょう。鍋がたくさんあるなら、そんなになくても困らないかもしれないし、そうじ機がいくつもあるなら、ひとつで十分かもしれませんよね。

ただし使いたいものを捨てるとストレスになりますので、バランスをとることも大事。炊飯器を捨てて鍋でご飯を炊くとか、そうじ機を捨ててほうきでおそうじするのも、自分に合っているならとてもいいこと。

けれども極限までモノを減らした結果、生活が大変になって、家でリラックスできなかったら元も子もありません。使いたいなら無理に捨てず、大切に使えばいいのです。

いずれ使う消耗品も、なかなか使いきれないほどたまっていたら、古い気をためてしまいます。適量を保存するようにしましょう。

「かわいそう」「もったいない」の考えは捨てる

捨てることをすすめると、「捨てるのがかわいそう」「申し訳ない」とか、「使えるモノを捨てるのはもったいない」と言う方もいらっしゃいます。

けれども不要品を取っておくことこそ、モノのエネルギーを無駄にしている状態なのです。

気学では、自然界に存在するすべてのものは生まれたときにエネルギーが宿っていると考えられています。動植物はもちろん、無機物も、人間が作ったモノもそう。

コップであれば、素材のガラスのエネルギーもありますが、コップとして作られたときに「人が飲むためのモノ」というエネルギーが新たに宿るんですね。

コップがコップの役割を果たしていないのであれば、せっかく作られたモノのエネルギーがまったく使われていないことになるわけです。

その状態のほうが、モノにとってはかわいそうだと思いませんか？

コップならガラスに、陶器なら土に、鍋なら金属にというようにもとの素材に還したほうが、その素材からまた新しいモノが作られ、新しいエネルギーが宿りますよね。

そのようにして、モノのエネルギーを循環させていくのが、自然のサイクルに沿った行為。使わずに取っておくのは、自然界の循環を止めてしまうことになるのです。

「もったいない」と思うのも、ＳＤＧｓに貢献しているようであり、いいことのように感じられますが、本当にもったいないと考えるなら、そのモノを大切に使うはずですよね。

でも使っていないモノを捨てるのがもったいないというだけなら、それは自分の欲から出てくる損得勘定にほかなりません。

実は欲からくる「もったいない」はＳＤＧｓとはかけ離れています。

たとえばバイキングで「もとを取らないともったいないから」と食べすぎたり、取りすぎて残したりする人がいますよね。

みんながそうやってたくさん取れば取るほど、お店のほうは「食べ物が足りなかったら、お客さんが来なくなって儲からない」と量を増やしますよね。

普通のお店も、お客さんが欲しいものの在庫を抱えないと機会損失で利益が出ないと考えるから、余るほどモノをそろえますし、お客さんのほうも欲しいモノが在庫切れだったら「せっかく買いに来て損した」と思います。

そうやってお互いが損得勘定で行動しているから、フードロスがどんどん大きくなり、逆に食べ物が余ってしまって「もったいない」現状になるのです。

みんながそれぞれ損をかぶる勇気を持ったら、無駄にモノが作られて捨てられるような、本当にもったいない状況はなくなります。

個人でも、思い切って損をかぶる経験をしてみると、無駄にモノを買わなくなってきますよ。

✦高価なモノほど手放す価値あり！

損得勘定があると、高価なモノほど「高かったし」と思って捨てられなくなります。でも、そこで思い切って損をかぶる勇気を持つと、大きなエネルギーを使った分、またエネルギーが返ってきます。

1万円で買ったモノをあまり使わずに捨てるのは、1万円を捨てるような気がしてしまうかもしれませんが、その経験には1万円の価値があると思ってください。

それでも高価なモノを捨てるのはハードルが高くて難しい、という方は、最初は捨てられる範囲で少しずつ捨てていってみてください。

やがてモノを捨てる行為の価値がわかり、損をかぶることもできるようになりますよ。

着ていない洋服や使っていないブランドモノのかばん、「高かったし、まだ使えるし」

と取っておいていませんか？

どんなに高価なモノでも、使っていないなら、持っている価値はありません。いさぎよく手放しましょう。

「いつかまた使うかも」と考えないで捨ててください。

捨てるときに「いつかまた使うときがあるとしたら、そのときに買える自分になっていよう」と心に決めると、本当に買えるくらいの自分になることも多いですよ。

それに、また使いたくなったときには技術が進歩して、今よりもっと使いやすくていいモノが買えるかもしれません。

✦過去のモノは「昔の自分」のモノ

まだ使っているモノでも、「これは買い替えて気分を一新したいな」と思ったらできるかぎり買い替えましょう。とくに古い自分から新しい自分になりたいときは、モノのリセットで自分のエネルギーも一新できます。

私はファッションが好きで洋服をよく買うのですが、大体の服は衣替えの度にほぼ手放し、翌年の同じシーズンに新しい服を買うようにしています。

ずっと取っておく服もありますが、それはあくまで使っているもの。

もう着ないと思ったら、どんなに気に入っていても高価でもいさぎよく手放します。まだ着られるような服は、欲しい人にあげたり、フリマに出したりしてリサイクルすることも。

ただし一度買った服は、ワンシーズン中に何回もヘビロテで使います。何度も着るとそこで満足し、翌年にはもう着ようと思わなくなっていることがほとんどです。

なぜそうしているかというと、過去の服には「過去の自分」のイメージがあるからです。

今年の夏が来たときの自分は、昨年の夏の自分とは違って、新しい自分にアップデートされているはずですよね。

それなのに、服装が1年前の夏の自分のイメージだったら、違和感がありませんか？　モノを新しくすれば、それだけあなたの潜在意識に「新しい自分」がインプットされていくのです。

とくに服装は、自分という人間を周囲に表すものなので、新しい自分のエネルギーに合わせたほうが、周りのあなたに対する印象も変わりますよ。

よく女性はつき合っていた彼氏と別れたりしたら、その相手との思い出の品を全部捨てたりしますよね。まだ着られる服や使える小物でも、惜しまず捨てる人も多いと思います。

なぜかといえば、思い出を捨てて気持ちをリセットし、新しい出会いに向かいたいからですよね。

「元彼と一緒だったときの自分はもういらない」という意志の表れでもあります。

それなのに、恋人と別れたとき以外で同じことをする人はまれ。この1年間仕事がつらくてやっと転職できた、というときに、わざわざ1年前に使っていた洋服を捨てる人はあまりいませんよね。

でもこの1年が嫌だったなら、思い切って1年前から持っていたモノを捨て、古い自分とお別れしてもいいのではないでしょうか。

「買い替えるような金銭的余裕がない」と言う方もいますが、そんな自分を変えたい人ほど、できる範囲で少しずつでもいいのでモノを買い替えたほうがいいです。

思い切って自分のエネルギーを新しくすれば、ちゃんと新しいモノを買える自分へとアップデートされていきますよ。

結婚して一緒に住むときも、昔は婚礼家具一式をそろえたりしていました。

今は「まだ使えるのにもったいない」とお互い使える家具を持ち寄るカップルも多いようです。

けれども、家具を一新して古いエネルギーを手放したほうが、そこに2人の新しいエネルギーが生まれます。そのほうが結婚生活はうまくいくはずです。

最後に、捨てるべきモノの候補をまとめておくので、ぜひ自宅を見渡して整理していきましょう！

まとめ

捨てるべきモノの候補

❶ 古い家電

❷ シーズンオフの洋服

❸ 別れた恋人との思い出の品

髪の毛は嫌な年数分切る

彼氏と別れたときに、髪の毛をバッサリと切る人も多いですよね。新しい自分になりたいときは、そんなふうに髪の毛を切るのもいいことです。

髪の毛は自分自身そのもの。今は髪の毛1本あればDNA鑑定で犯罪者も捕まえられます。髪の毛にまつわる怪談やホラー映画が多いことからもわかるとおり、それだけ髪の毛には念がこもるともいえます。

ということは、ただ髪の毛を切るだけでも、過去の念ときっぱりさよならできるわけですよね。もし嫌な期間があったなら、その期間の分だけ髪の毛を切りましょう。エネルギーの大きなリセットになります。たくさん切ると、気持ちが軽やかになるだけでなく、雰囲気も大きく変わり、エネルギーが変わったことが周囲にも伝わります。

髪の毛は美容室ですぐカットできるので、今モノを捨てるのが難しいなら、手始めに美容室に行ってみるのもおすすめです。弾みがついてモノを捨てる気分にもなりますよ。

人間関係は心の中で片付ける

人間関係も、ときに片付けが必要です。

自分が思うタイミングでいいので、人間関係を見直して、嫌な人、つき合いたくない人との関係は思い切って断ち切りましょう。

古い縁を捨てると、新しい縁が入ってきます。


そう話すと「どうやって相手に伝えたらいいんですか？」と相談されることが多いのですが、わざわざ相手に伝えなくてかまいません。

自分の心の中で、「相手との関係を切る」と決めればいいだけです。

「この人とはおつき合いをやめる」と決め、心の中で関係を断ち切ると、その人のエネルギーが自分から離れます。

すると実際に相手から連絡が来なくなったりするのです。

思いのエネルギーは人に伝わるので、自分がどんな思いを持っているかによって相手の行動も変わるわけです。

「つき合いをやめようか、どうしよう」
「自分から切れない。あの人から連絡が来たらどうしよう」

というように迷っているうちは、相手とエネルギーがつながっています。

結果的に現実でも、相手から連絡が来たり、こちらから話をする必要性が出てきたりして、関係が続いてしまうのです。

心の中で関係を切ったら、極力相手のことは考えないようにしましょう。「あいつが憎い」と思っているうちは相手の存在が自分の中にあるけれど、無関心になればその人の存在が自分の中から消えてしまいます。

「無関心が一番怖い」という言葉がありますが、まさにそのとおりです。

損得勘定でつき合っている相手と離れる

嫌な人との関係を断ち切れないのはなぜかといえば、大体は損得勘定があるからです。もし本音では関係をやめたいと思いつつ、つき合っている相手がいるなら、なぜなのか自分に問いかけてみましょう。

彼氏なら「この人と別れたらもう新しい彼氏ができないかもしれない」「この人と結婚したら豊かな生活ができそう」、仕事の相手だったら「この人と本当は仕事したくないけれど、冷たくしたら職場にいづらくなりそう」「嫌なお客さんだけれどたくさん買ってくれるから」と思っていませんか？　それが損得でつき合っているということです。

とくに、モノと同じで人づき合いでも、大きな損をかぶる決断は難しいもの。

あまり損得の関わらないＳＮＳでの関係はすぐ解消できても、結婚を考えていた相手、大きな契約をしてくれる取引先などとの関係はすぐに断ち切れない人も多いのではないでしょうか。

けれども、「この人とつき合うのは苦痛だけれど、なにかもらえるかもしれない」という損得勘定で人とつき合えばつき合うほど、相手から嫌なエネルギーを受け取ってしまいます。

それが自分のエネルギーを悪くするので、運気もどんどん下がることになります。

もちろん生きていく上では損得でつき合ったほうがいいと思う場面もあり、義務感でつき合うこともときに必要かもしれません。

でもそれは最低限にしておかないと、自分のよいエネルギーが枯渇《こかつ》し、最終的にはいい運が回ってこないことになるのです。

損得勘定は長い目で見たら運を下げるもとだといえるでしょう。

たとえ損をするとしても思い切って断ち切ることを決めると、それがとても大きなエネルギーになります。

すると言葉や行動が変わり、もっと自分に合う恋人や、もっと自分にふさわしい仕事相手との縁が生まれるのです。

これは私だけでなく、私の生徒さんたちもほぼ全員が実際に経験しています。

といっても、ちょっと嫌なことを言われたからすぐに関係を断ち切る、というように極端な行動を取る必要はありません。

自分の生き方や考え方にウソをついてまでおつき合いしないといけない相手なら、関係をやめればいいだけの話。

まずはウソをつかなくてもつき合える方法を探ってみるのもいいことです。

正直な気持ちを伝えたら、もう嫌なことを言わなくなる人もいますよ。

✦ 恩返しは「ポジティブ」なエネルギーを渡す

人間関係の中には「あの人とはつき合いたくないけれど、お世話になっているし、恩返ししないと」というようなものもあるでしょう。

そんなときは、恩の返し方を変えるといいでしょう。

恩返しは大事だけれど、自分の嫌な方法で返す必要はありません。一緒にご飯を食べるのは嫌でも、プレゼントを贈ることは苦痛ではないなら、プレゼントを渡せばいいのです。

以前私も、ゲストで呼ばれた食事会やイベントで時間が約束より延びたときに、「次の予定もあるから帰りたい」という思いを抱えつつ「せっかくみなさんに来ていただいたのだから」と気を使って残っていたことがありました。

ところが、帰りたい気持ちがあるときはあまり気が乗らず、相手が望むようなパフォーマンスが提供できなかったのです。これはお互いにとってよくないと思い、約束の時間を過ぎたときは必ず帰ることにしました。

最初のうちは相手の方が気を悪くしないか心配でしたが、ありがたいことに快く受け入れていただくことばかりだったのです。

というのも、気持ちがよくない状態で別れるときの自分は、マイナスのエネルギーになっているからです。

そうすると、いくら口で「今日は楽しかったです。ありがとうございました」と言ったところで、マイナスのエネルギーを相手に渡してしまうことになるわけです。

しかしいい気分のうちに終わった場合は、本心から楽しい、ありがたいと思いながらお礼を言えるので、ポジティブなエネルギーを相手に渡せます。

そのエネルギーの違いが相手にも伝わっていたのです。

このように、気持ちよくつき合える範囲でつき合うほうが、「お世話になったから」「申し訳ないから」と我慢しているときよりも、いい恩返しができるといえます。

✦「おそうじ」も大きなリセットになる

不要なモノを捨てたら、今度はおそうじをして、家の中をリセットしましょう。

もちろん片付けより先におそうじから始めてもOKです。モノが多いとおそうじがしにくいので、モノを捨てたくなりますよ。

あなたにとってゴミやホコリ、ススもいらないモノですよね。

ここまで読んできて、いらないモノなら極力部屋から出したいと思いませんか？

おそうじをして家を清潔にすると、外から持ち込んだ邪気がはらわれますし、家によどんでたまった古い念もクリアになります。そしてそこに新しく神気が呼び込まれます。

健康面でも、ウイルスやばい菌が多い家だと、息を吸ったときにダメージを受けやすいですよね。

ですから、おそうじをすることで、自分も家族も元気になり、家庭円満になって、家族がそれぞれの場で活躍できるようになるのです。

それにモノが減っておそうじも行き届いた部屋は、ゴミやホコリがたまっているときより明るく見えるもの。

部屋が明るいと気分も明るくなり、さらにいいエネルギーを呼び込んで、未来も明るくなります。

九星氣学に基づくエネルギーの性質から見て、各箇所のおそうじにはポイントがあります。ここからお伝えしていきましょう。

✦家の中心「宅心」は常に明るくしよう

家の「宅心《たくしん》」にあたる場所はきれいに保ち、換気して、常に明るくしておくのが吉です。

「宅心」とは家の間取りを見て、屋内全体の真ん中にあたる部分。

アパートやマンションといった集合住宅なら、自宅となるスペース全体（ベランダやバルコニーは除いた屋内）の真ん中になります。

宅心が暗かったり宅心の空気がよどんでいたりすると、そこに住む人のエネルギーが落ち、家が暗くなるといわれています。

気をつけたいのは、宅心が収納になっている間取りの家です。

ここが収納になっている物件は以外と多いもの。一軒家であれば真ん中に階段があり、裏が物置になっている間取り。アパートならキッチンやバス、トイレと、メインの部屋とを分けるためにクローゼットがある間取りなどです。

収納があると空気もこもり、暗くなってしまうので、もしこれから引越しをするなら、なるべく宅心に収納がないところを探しましょう。

今住んでいる家の宅心に収納がある場合は、なるべく開けておいて風通しをよくし、照明を灯すなどして明るさを保ってください。

真ん中が廊下になっている間取りも、とくにマンションに多いのですが、天井照明はなるべく点けておきましょう。

また、たいてい廊下にはコンセントがあります。そこにも照明器具を取り付けて、明るく照らすといいです。

今はあまり電力を消費しない照明もありますし、電気代が負担にならない範囲で少しの間照らしておくだけでかまいません。

宅心を明るくしてみたら、家族の雰囲気が明るくなったり、元気になったりするのが感じられるはず。

少し電気代をかけてでも、明るくするメリットは大きいといえます。

床と照明とカーテンは清潔に！

床と照明も家の明るさを左右するので、重点的にきれいにしておきたいところです。床はまめにおそうじしても、照明はあまりおそうじしていない人も多いかもしれませんね。ときどきさっと照明のホコリを取るだけで、部屋の明るさがまるで違いますよ。

カーテンなど布製品は、気を吸収しやすいのでこまめに洗いましょう。カーテンを洗ってもう一度付けてみると、部屋がとても明るくなった感じがしますよね。それは物理的に汚れが落ちるからだけでなく、古い気も洗われて明るい気に変わったから。

洗うだけでもだいぶ違いますが、もっと気分を変えたかったら、思い切って買い替えるのもいいことです。面積が大きいモノを替えれば、常に視界に入る分気分を変えやすいもの。かといって床や壁はなかなか替えられませんよね。

その点、カーテンやマットは替えやすく、リセットに最適です。

リビングは家庭円満の場！明るく保とう

リビングルームも、常に明るく清潔になるよう心がけたい場所です。リビングは家族が集まる場所で、家族のエネルギーが集中します。そこがごちゃごちゃしていたり汚れたりしていると、嫌な気が流れます。そして家族のエネルギーが乱れ、仲が悪くなってきます。

もし家族のいさかいが絶えないなら、まずはリビングが汚れていないか疑ってみましょう。リビングがごちゃごちゃしている家で、家族が子ども部屋やワーキングルームなど自分の個室だけきれいにしている場合があります。

そんな家ではリビングに人が集まらず自分の部屋に行ってしまい、コミュニケーション不足で家族がバラバラになりがちです。

家族が集まりやすいように、できるだけ不要なモノを捨ててすっきりさせ、居心地のよい場所にしておきましょう。

一人暮らしでも、明るい場所をリビングスペースにし、心地よい空間に整えることが心身をすこやかに保つ秘訣です。

宅心と同じく家族のエネルギーを明るくする場所でもあるので、物理的に明るくすることも忘れないようにしてください。

リビングは窓があって光が入る家が多いと思いますが、もし暗く感じるなら、照明で明るさを保ちましょう。家族がくつろげるような暖色系のライトをおすすめします。

邪気をはらう「玄関」と「水回り」

玄関は家の結界といわれ、外の邪気をブロックしてくれる大事な場所です。なるべく風通しをよくし、おそうじをして清潔にしておけば、そこで邪気がはらいやすくなります。塩は邪気を吸い取ってくれるので、玄関に盛り塩をするのもいいでしょう。ただし塩を頻繁に替えないと効果がありません。

忙しくて難しい方は、お風呂にバスソルトを入れれば、塩と水で浄化されますよ。

水も浄化作用が大きいのですが、その分水回りを汚くしておくと邪気がすぐたまります。台所、洗面所やお風呂、お手洗いなどは清潔にして水がよどまないようにし、まめに換気して湿気を取りましょう。

洗うときはなるべくソフトなスポンジなどを使ってください。硬いブラシなどでゴシゴシ洗うと細かい傷ができて、汚れも邪気もたまりやすくなります。

✦情報収集ツールは新鮮さが命

テレビやパソコン、スマホなど、情報を扱うための電気機器は、どんな情報が欲しいかで考えてみましょう。汚れたままにしたり、雑に扱ったりしていたら、それに合わせた情報が入ってきそうですよね。手入れしないと古びてくる点も要注意。古びたものを使っていると、古い情報ばかり入るようになります。

情報化社会において、情報をアップデートできないのは大きなデメリットです。無理をして頻繁に買い替えなくてもいいのですが、新しい情報が欲しかったら、あまりにも古すぎるものは買い替えも検討してみましょう。

リモコン、延長コードやアンテナといった配線、Wi-Fiルーターなど、情報を送ってくれるツールも、古いと機能が劣化してきます。

テレビやパソコンはすぐに買い替えられないという方は、周辺機器だけでも新しくしてみてください。受け取る情報の質がかなり変わってきますよ。

✦きれいで清潔な化粧品が「美」を作る

化粧品のパッケージやメイク道具なども、常にきれいにしておきたいもののひとつです。

布製のメイクポーチなど汚れやすいものはとくに注意しましょう。

私たちが肌の手入れをしたり、メイクをしたりするのはなぜでしょう?

人によく見られたい、失礼がないようにしたいという意図もあるかもしれません。しかし最も大きな理由は、目指す美の形を実現して、自分がなりたい姿を作りたいからではないでしょうか。

そのなりたい自分を作る道具が汚れていたら、美しくなれそうにもありませんよね。

自分が望む美しさは、メイク道具をきれいにすることから始まるのです。

「階段」は未来へとつながる場所

きれいにするとよりよい未来がやってくるといわれるのが、階段です。階段は上と下のつなぎ目。なかったら上には上れませんよね。ですから階段は上の自分につながるエネルギーを持つのです。

文字どおりステップアップできる、望む未来に連れて行ってくれる、自分の世代と次の世代をつなぐといった意味があります。

そこが汚れていたら、どうでしょうか？　あまりいい未来に行けそうな気はしませんよね。きれいで明るかったら、明るくていい場所に行けそうなエネルギーを感じて、現実的にもその方向に向かっていきますよ。

これからの運勢をよくしたいときは、まめにおそうじしましょう。とくに次のステージに行きたい、将来なりたいものがある、昇進や昇級がしたいというようにステップアップを望むときは、未来に向けてぜひともきれいにしておきたいもの。

また、仕事の引き継ぎや後継者問題でもめている、相続問題を抱えているといった方も必ずおそうじしたほうがいい場所です。

家庭円満にも効果的で、とくに親子関係の問題が解消しやすくなります。

まずは階段が明るくなるよう床をきれいにしましょう。

時間がないときはフローリングワイパーのようなもので軽くすませてもいいのですが、できれば1段ずつぞうきんで丁寧に拭くことをおすすめします。

手を使って力を込めた分、エネルギーが入ります。それに隅々まで磨けるので、より清潔で明るくなります。

ワックスがけをするときは、滑りやすくならないよう注意してください。

そして、階段にモノを置くのは極力避けましょう。陰ができて暗くなりますし、未来に向かうときの障害物にもなります。ゴミ出し前の新聞、雑誌や空き箱を置いている家もありますが、不要品やゴミは最も未来を曇らせる、階段に置きたくないモノ。

ホコリのかぶった置物なども飾っているなら撤去しましょう。

どうしても階段になにか飾りたいなら、大切に扱うこと。ホコリがたまると気もよどむので、徹底しておそうじしてください。

明るいかどうかが大きなポイントなので、これから引越しする方は、階段がうす暗い家を避けたほうが無難です。今住んでいる家の階段が暗かったら、照明を明るくしてみましょう。電気が切れていたら即付け替えてください。

階段以外にも、ロフトに上がるはしご、玄関のステップや勝手口に設けられた1、2段ぐらいの段差など、基本的に段になっていて上に上がれる場所は全部きれいに保つのが正解です。

さらに、「絶対に上に上がりたい！」「未来を上向きにしたい！」と強く願っている方は、自宅のほかに使っている階段をきれいにするのもいいこと。

集合住宅に住んでいるなら、部屋の外の階段を管理人まかせにせず自分でもおそうじしてみてください。

会社で昇進したり仕事でステップアップしたりしたいなら、職場の階段をきれいにするのもおすすめです。自分のエネルギーが外にも広がるので、かなり効果が期待できますよ。

✦庭やベランダをゴミ置き場にしない

忘れてはいけないのが、玄関の外、庭、ベランダなど家屋の外側。

屋内はきれいにしているのに、外のメンテナンスはできていないという家もよくあります。

でも、基本的に自分の敷地内は、屋外であっても自分の家。マンションのドア周りなど、自宅のモノを置いている場所も、自宅と同じだと思ってください。

外を不潔そうな状態にしておくと、土地や家のパワーが失われていきます。

家の外は、「使わないけれど取っておきたいから、見えない場所に置こう」という欲が出やすい場所でもあります。

家の中でいらないモノを外に出したまま放置していませんか？

壊れた自転車やもう使わない子どもの三輪車を、庭や駐輪スペースに置きっぱなしにしていませんか？

ベランダや屋外にゴミを置くのも、ゴミ出しの日までの一時的なものならいいでしょう。でも回収日が来たらちゃんと出してためないようにしてください。

庭の物置やガレージも、最も不要品がたまりやすい場所です。

あまり使わないモノを置いたまま忘れ、いつの間にかゴミ置き場と化していることもよくあります。

でもこれらの場所はゴミ置き場ではありません。中を定期的に見直して、不要品は処分しましょう。

モノがなくなったら、思い切って物置を撤去したり、最低限のモノしか置けないようにサイズダウンしたりするのもありです。

庭を雑草でぼうぼうにしているのもよくありません。基本的に雑草も不要なモノです。

最も家の外で注意したいのは、一番のパワースペースといわれる場所。

パワースペースは、屋内の中心から見て北東の方角と、宅地全体から見て北東の方角が重なる位置にあります。

北東の方角は「鬼門《きもん》」と呼ばれます。「鬼門」は「気門」の意味でもあり、外から強い神気が入ってきてたまりやすいといわれるところ。その「鬼門」の方角が家と宅地で重なるところがあれば、そこから最も強いエネルギーが家に入りやすくなるわけです。

家によってはパワースペースにあたる位置がない可能性もあります。

実際にパワースペースに置いた植物はよく育つことが多く、ペットが好んでその位置にいるという話も聞いています。

正確に鬼門を測るのが難しい場合は、北東にあたる場所一帯を清潔に保ってください。

ゴミやいらないモノをこの位置に放置しておくのは避けてください。不要品をためやすい物置も置かないほうが無難です。

またなるべく自然な姿を残しておいたほうが、神気が入りやすくなります。できればコンクリートなどで固めずに土を出しておきましょう。

育つものがあると成長のエネルギーが入ってくるので、植物を植えるのはいいことです。すでにコンクリートで固められている場合は鉢植えを置くといいでしょう。

✦「おそうじ」は誰がやってもＯＫ

ここまで見てきたように、家をきれいにするのは開運の大きなポイント。でも忘れないでほしいのは、おそうじは誰がやってもいい、ということ。

おそうじが大切だというと、女性の方は「全部自分がやらないと」と思ってしまいがちですが、そういうわけではありません。

実は苦手な人、忙しい人が嫌々おそうじをしていたら、物理的にはきれいになっても、悪い気がたまっていきます。それこそ運気を下げる行為にほかなりません。

自分がやりたくないことを愚痴を言いながらやるくらいなら、思い切って誰かに頼んでしまいましょう。

家族がいるなら、子どもや旦那さんにやってもらってもかまいません。

ただ、家族が好きでおそうじしてくれるならいいのですが、家族もおそうじが苦手だったり、忙しくて手が回らなかったりするなら、無理強いしないほうが得策です。結局家族もストレスがたまって、運気が悪くなります。

家のこと全般にいえることですが、とくに旦那さんのお給料が上がることを望んでいる方は、旦那さんが嫌がっている作業をやらせないほうがいいです。

家でリラックスできなくなり、仕事のパフォーマンスが下がって、逆にお給料が減る可能性もあるからです。

そんなときは家事代行にお願いするのも手。最近はクリーニングサービスも充実していて、それほど高くないものもありますよ。

おそうじロボット、食洗器などの家電製品も機能が向上し、価格も下がっています。そこにお金をかけるのもいいことです。

なるべくお金をかけず自分でできることは自分でやるという生活は、楽しめる人ならいいいでしょう。でもつらい、苦しいと思うようなら、やめるべき。

やる気がなくなったら結局続きませんし、エネルギーが失われて運を下げていきます。

自分が苦手なことは得意な人に頼み、自分は得意なことを苦手な人のためにして、適材適所で回すというのも、エネルギー循環をよくする秘訣なのです。

家事をしない時間で気分よく他のことができたら、神気が循環します。その流れで、誰かに頼んだ分のお金もいつか還ってきますよ。

ということは、家事代行にお金を払ったとしても、けっして無駄遣いではなくて、未来への投資なのです。

お金を払って1時間誰かに頼むことで、自分が1時間を有効に使え、頼んだ相手が自分の役割を果たしたら、お金と時間の価値交換になりますよね。

1日の時間は人間全員に平等に与えられているもの。その時間を1分1秒でも自分のエネルギーを満たすために使うことが、運をよくしていくのです。

Day 3

困りごとがなくなる「金運アップ」のレッスン

金運が上がる「食べ物」と「キッチン」の話

片付けとおそうじが幸運のカギという話をお伝えしてきましたが、その中でもとくに金運アップにつながる場所があります。

ひとつがキッチン。食べ物を作る大事な場所がキッチンだからです。

私たちは食べ物をとらないと生きていけません。もし食べ物が悪かったら、自分のエネルギーがどんどん悪くなっていき、運も悪くなっていきます。

とくにお金のエネルギーは、食と直結すると九星氣学ではいわれています。お金というのは、ものごとの価値を交換するために作られたものですよね。

古代の人間社会では、現物と現物で物々交換していました。

でもそれだと「魚をたくさんもらってもすぐに傷んで食べきれない」「布はいらないからお米とは交換できない」というように不都合があったのです。

そこで貨幣を作り、全員共通の価値を持たせて交換がしやすいようにした——というのが、お金の始まりだったわけです。

ものごとの価値の交換をすることを昔の人たちは「兌換《だかん》」と呼びました。やがて価値がお金で表せるようになると、「兌換」は紙幣と金銀の交換、両替という意味でも使われるようになりました。

この「兌換」の「兌」という字には「喜びごと」という意味があります。しかも、ものごとの価値が喜びを生むということから、「価値」という意味も含まれます。

さらには価値がお金に表せるということから、「お金」という意味も含まれるようになったのです。

「兌」の漢字には「口」が入っていて、上下の線が入る流れと出る流れを表しています。つまり、もともと「兌」は「口の出し入れ」「口を使った循環」という意味だったのです。

「口というのは、食べ物が体に入る入り口。口から入ったものは出ていくし、出ていくものはまた入る、その循環が人を作る」というニュアンスもそこに含まれます。

つまり、兌＝喜び、価値、お金、口を通したエネルギー循環。

ということは、口を使うものが価値を生み、お金になり、喜びになるのです。


中でも食事は、口を使って、生きるためのエネルギーをダイレクトに外から体に取り入れる行為。けっしておろそかにしてはいけないわけです。

単純に考えても、食事は健康に影響しやすく、悪い食事で健康を損ねたら、元気に活躍できなくなりますよね。

食事をよくしたければ、バランスよく栄養を取るために、素材に気を使うことが欠かせません。

またそれ以外にも、キッチンをきれいに保つこともポイントですよね。

冷蔵庫の中やガスコンロなどが汚れているとしたら、衛生面でももちろんよくありませんし、汚れたエネルギーが自分の体を直接攻撃してしまいます。

「冷蔵庫」は金運を左右する

キッチンでもとくに食べ物が詰まっている冷蔵庫は、金運の宝庫。常に清潔にしておきたい場所のひとつです。キッチンの油汚れ、水汚れがつきやすい外側は、まめに拭いて、ぴかぴかにしておきましょう。

チラシや紙類などを扉に貼っている家は多いですが、あくまで必要なモノだけにしましょう。

もう終わった子どもの参観日の案内、期限が切れている割引券など、貼っていませんか？　また、最も貼ってはいけないモノがレシート類です。金運をつかさどる冷蔵庫に支出にまつわるモノを置いてしまうと、お金が出ていきやすくなります。

冷蔵庫の上部も忘れずにおそうじしたいものです。冷蔵庫が背丈より高いと、この部分のおそうじがおろそかになり、気づけばホコリの山、なんてことにもなりかねません。

上に必要なモノを置いてもいいのですが、やはり背の高い冷蔵庫の場合、使わないモノや捨てる予定のモノなどが忘れ去られ、置きっぱなしになりがちです。油や水で汚れるモノは別の場所に保管するのもひとつの手です。

冷蔵庫の内部も、きれいに拭き取ってください。ときどき食材をすべて出して空っぽにし、隅々までおそうじするといいでしょう。出した食材は鮮度をチェックし、カビが生えている、賞味期限が切れているなど、古くて食べると体に悪そうだと思ったモノはすぐに捨ててください。もったいないと思うかもしれませんが、それなら次からは管理できる量だけ入れることです。

冷蔵庫に食材をぎゅうぎゅうに詰め込むのはよくありません。古い食べ物を入れっぱなしで忘れることも多くなります。食べるモノだけ選んだら、整理整頓して、取り出しやすく整った収納をするのも金運アップのポイント。

モノを詰め込まず、整った空間は風通しがよさそうですよね。そういう場所にはいいエネルギーが巡ってくるのです。

前章でモノの循環がエネルギーの循環になるという話をしましたが、食べ物も同じことです。いつまでも食べ物をとらずに置いていても、自分のエネルギーにはなりませんよね。

食と密接な関係があるお金にも同じことがいえます。お金をまったく使わずにずっとそこに置いていても、なにも生み出しません。

お金も食材も、溜め込みすぎずに、適度な循環を心がけましょう。

冷蔵庫に汚れがこびりついていたり、冷蔵庫の音がうるさかったり、調子が悪かったりするようであれば、思い切って買い替えるのもひとつの循環法です。

「まだ使えるのにお金がもったいない」と思う方もいるかもしれませんが、古い冷蔵庫は電気代がたくさんかかる場合もあります。

一般的に家庭でなにが最も電気を消費しているかというと、1番が冷暖房機、次が冷蔵庫といわれます。

年々電気消費を抑える技術も開発されているので、古いほうが節約になるともいいきれないのです。

「丸い食べ物」は積極的に取り入れる

食べ物は新鮮さが命。とれたての魚や野菜を食べると、元気になれる気がしませんか。新しいものはそれだけエネルギーに満ちているのです。

冷蔵庫にモノを入れすぎるとよくないのは、鮮度の落ちた食べ物を口にする機会が増えるからでもあります。あくまで冷蔵庫は一時的な食材の保管場所ととらえ、適量を保管して新鮮なうちにいただくのが吉。

中でも冷凍食品はすぐに悪くならないので、ついついずっと冷凍庫に入れっぱなしになりがち。けれども、やはり古くなればなるほど鮮度は落ちます。

食材を買うときも、できるだけ鮮度がいいモノを選ぶといいでしょう。

「地産地消」といわれるように、なるべくその土地の食べ物を口に入れるようにすれば、自然の気をたっぷり含んだ新鮮なモノを食べられます。それが、土地の持つ自然のエネルギーに合わせた、上手な生き方にもつながるのです。

旬のモノを食べるのも、四季のリズムに合わせることができるという点で大事なこと。なにが旬なのかわからなくても、スーパーに行けば「今が旬」「脂が乗ってます」と書かれていたり、いつもよりたくさん置いてあって値段が安くなっていたりする場合が多いです。買い物のときに少しでも気を配ってみましょう。


また、発酵食品は、どんどん新しい善玉菌が入って中身が変化しているので、エネルギー循環のいい食べ物です。

菌とともにエネルギーもたくさん入ってくるので、貯蓄運が上がるといわれます。


ほかに、丸は循環の象徴なので、卵や豆類のような丸い食べ物もエネルギー循環につながります。

腐らせない量を冷蔵庫に常備しておけば、金運がアップしますよ。

とくに丸い豆の発酵食品である納豆は開運食といわれています。

このように、開運にいいと昔から気学でもいわれてきたものは、今では科学的にも健康にいいといわれています。

食生活全般にそのことがいえます。昔から食べすぎは不運のもといわれてきました。「癌」という漢字には口が3つありますよね。つまり食べすぎるとがんになる、という戒《いまし》めが込められているのです。

「酒」は「酉《とり》」の字にさんずいです。酉はお酒に関係する言葉で、「酔」という字には、お酒を9杯も10杯も飲むと酔っぱらうからほどほどに、という意味があります。

文字どおり酉年生まれには酒に強い人が多いといわれていますが、だからといって飲みすぎは体によくないことがこの字からもわかると思います。

ほかにも「食事と睡眠に気をつけて、体の循環をよくすれば、運気が上がる」とずっと気学でも伝えられてきましたが、今ではそれが多くの病気の予防や改善にもつながることがわかっていますよね。

昔からの知恵を上手に生活に取り入れていきたいものです。

✦悪い呼吸と言葉がいい循環をブロックする

食べることのほかに、口の出し入れとしては、呼吸すること、言葉を出すことがありますよね。ですから呼吸と言葉も金運と大きく関わっています。

「深呼吸」は「神呼吸」。呼吸が深いと空気中のエネルギーが多く取り入れられます。意識して深呼吸したり、適度な運動をしたりしましょう。

また、よい言葉を使えば、よいエネルギーが循環します。お金にもエネルギーがありますから、お金のことを悪く言っていたら当然循環しませんよね。普段愚痴や文句を言ってばかりいる人は、いいエネルギーには恵まれないともいえるでしょう。

おそうじのところでお話ししましたが、食事も嫌々文句を言いながら作らないほうがいいです。

たとえ奥さんがいい食材を使って手の込んだ料理を作ったとしても、「もう忙しいのに面倒くさいな。旦那は家のことをなにもしてくれないし」と文句をぶつぶつ口に出していたら、食べ物に悪い気が入っていきます。

それを家族が口にしたら、ダイレクトにエネルギーを攻撃してしまうでしょう。

お子さんの成長過程で問題が出るかもしれないし、旦那さんも仕事がうまくいかなくなるかもしれません。

それだけでなく、昔から、「天に唾《つば》すればわが身に返る」というように、口で言ったことは自分にも返ってきます。

せっかく食事に気を使ったとしても、マイナスのことを言えばマイナスの循環が起きる、ということを忘れないように。

不満まみれで愚痴を言うくらいなら、テイクアウトや外食を利用して、誰かが作ってくれたものをありがたくいただいたほうが得策。

いい言葉を言いたくなるような状況をなるべく作りましょう。

✦「感謝」の気持ちが金運を運んでくる

人からなにかしてもらってうれしいときは「ありがとう」と感謝の言葉を口に出すようにしましょう。

前述のとおり、口のエネルギーを示す「兌」は価値であり、喜びごとであり、お金。ですので、うれしいという気持ちを素直に口に出せば出すほど、金運アップになります。「ありがとう」で受け取って、また自分から出して、「ありがとう」という言葉が返ってくる。その循環の中で、「ありがとう」という言葉が増えていく度に、兌の喜びごと＝お金のエネルギーが増えていくのです。

「すみません」「ごめんなさい」は、うれしい気持ちを正確に表す言葉ではありませんよね。口癖になってしまっている人もいますが、相手に喜びが正確に伝わらず、そこでもう兌の循環はストップしてしまいます。なるべく「ありがとう」と言いたいものです。

別の説明をすると、「ありがとう」と言うときは、なにかのモノやサービスなどが「ある」状態が前提で、それを受け取ったときですよね。つまり「ある」ものにフォーカスをしています。

「ある」に目を向けると、さらに「ある」状態が引き寄せられるのです。

逆にモノをもらっていない、なにかやってもらっていない、というように「ない」にフォーカスしているときは「ありがとう」とは言えませんよね。

持っているモノがたくさんあっても、「ない」ものに目を向けていると、どれだけあっても満たされず、また買おうとしてしまいます。

そうすると無駄にお金を使って、お金がますますなくなっていくのです。

家にも不要品が増えて汚れていくので、さらに気が悪くなり、ストレスでお金を使いたくなることも増えます。

自分の意識のエネルギーが自分の世界を作り出すので、「ある」という意識が、「ある」という現実を連れてくるともいえます。

お金が欲しい人は、「お金がない」と思っているから欲しいわけですよね。

自分が「ある」ことを意識して満ち足りた上で、「今もいいけれど、さらに結果を出したい」と望むならいいでしょう。けれども、ただ「ないから欲しい」と思っていると、脳に「ない」が刷り込まれ、「ない」現実が返ってくるのです。

たとえば洋服を買ったら、「お金があったからこの服が着られる。ありがたいな」というように、お金を使うことで受けられたものを喜ぶ人もいれば、「こんな高いモノを買って、散財してしまった」とお金が減ることを悲しむ人もいますよね。

「あってありがたい」と意識すれば、現実にも「ある」が増え、「お金がなくなってしまった」と意識すれば、現実にも「ない」が増えるわけです。

お金にかぎらず「彼氏がなにもしてくれない」「上司が理解してくれない」など、すべてにおいて、「ない」の意識はますます「ない」現実を引き寄せます。

なるべく「ありがとう」と口にする習慣をつければ、「ある」に意識が向きやすくなりますよ。実際に「ありがとう」とよく口にする人は、運がよく、お金に困っていないことが多いです。

鏡が汚いとあなたの「未来」も曇る

口にまつわること以外にも、さまざまな金運アップのポイントがあるのでご紹介しましょう。

キッチン以外の家のおそうじでは、鏡をきれいにすることが効果的です。

鏡は自分を映し出し、自分を見るためのもの。その自分を映すものが汚れていたら、自分まで汚れているように見えませんか？

自分が汚れていると思うと、自信が持てなくなり、消極的になってきますよね。その姿勢が運をつかみにくくし、お金を受け取ることに対しても消極的にさせるのです。

また九星氣学で鏡は九紫火星の性質があり、次のものを作り出していく未来型のエネルギーを持ちます。

そのため鏡が曇っていると、将来が見えなくなり、進むべきところに進めずに運が停滞しがちになるのです。

自信が持てず、先が見えなかったら、仕事をしていてもやる気が湧いてこなくなりますよね。結果的に金運も悪くなってしまうのです。

洗面台、クローゼット、会社のロッカーの鏡など、自分が使う鏡はどれもよく拭いて汚れを落とし、映りをよくしましょう。

自撮りをするスマホの画面も、きれいに拭くのを忘れずに。

お財布は「お金のホテル」

お財布の使い方には諸説ありますが、まずその性質から見てみましょう。

お財布とは、お金にとってはホテルのようなもの。お金はいろいろなところを渡り歩き、自分のお財布で休んで、また出ていきます。

ですから、お財布を使うときは、自分のホテルに来てくれたお客さんをどうもてなすか？　という意識を持ってみてください。

清潔で快適な、居心地がいい空間であれば、気に入ってまた来てくれるかもしれませんし、友達にも「あそこのホテルよかったよ」とすすめてくれるかもしれませんよね。

古いものも好まれないので、３年以内に買い替えるといいといわれます。新しくても、汚れたり壊れたりしているなら、すぐに買い替えるのが正解。

それと、自分が気に入っていて、大事にできるかどうかも大きなポイントです。

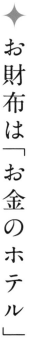

お財布にもエネルギーがあるので、持ち主に気に入られているかどうかで反応が変わります。嫌いだと思って使っていると、エネルギーが入らずお金が入ってこなくなるんですね。たとえ新品でも、使ってみていまいちだと思ったら、もったいないと思わずにすぐに変えたほうがいいと思います。

素材では、なるべく本革など天然のものを使うことをおすすめします。合皮は石油製品であるプラスチック類でコーティングされていて、火のエネルギーを持ちます。そのエネルギーがお金を溶かして燃やすといわれるので、避けたほうがいいでしょう。

またお金がゆっくりくつろげるかどうかを考えれば、長財布のほうがいいですよね。

紙幣とコインの入れる場所は別のほうがいいでしょう。紙と金属では、素材の性質がまったく違うからです。

またコインがカチャカチャ音を立てていると、お札の居心地が悪くなるという説も。できればコインケースとお札入れは別に持つといいでしょう。

お財布やスマホケースは色で金運が変わる

お財布の色は九星氣学のエネルギーから見て、ピンク、オレンジ、黄色、茶色、白、黒、ゴールド、シルバーがいいといわれます。

色は表面だけでなく、内側に使われている部分も意識しましょう。

黄色と茶色は土星系の色です。土にはモノを受け入れてためておく役割があるので、貯蓄したいときに向いています。

ピンク、オレンジ、ゴールド、シルバーは金星の色。金星はお金の循環をよくするので、投資して回していきたい人向け。とくに現金が欲しい方には、ピンクとオレンジのエネルギーが合います。

白は水星の色で、水に流してリセットするという意味があります。もし自分は金運が悪いと思ったら、白を使って流れをリセットしましょう。白は汚れやすく、短期間で買い替える必要がありますが、短くてもしっかりリセットできれば使う価値があります。

黒はお金を封じ込め、無駄遣いを防ぐ色。すぐにお金を使ってしまって大切にできていないと思うなら、いったん黒を使うのもいいことです。


一方でお財布に向いていない色といわれるのは、赤と紫。お金を燃やして溶かす火のエネルギーがあるといわれます。

青は色の中で一番若いエネルギーを持ち、まだ芽が出たての段階といわれます。若いといえば、元気はあるけれどまだあまりお金は持っていないイメージがありますよね。ですから青は金運アップにはあまり向いていません。

緑も同様に、若くてまだ成長段階のエネルギーがあります。ただ緑はご縁をつなぐ色なので、人との縁もつながりやすくなり、それが将来的にお金との縁をつないでくれます。ただしそれは成熟してからなので、すぐに現金が入ってくる要素は少ないといえます。

今はスマホ決済をメインにしている方も多いと思うので、スマホケースも目的に合わせて色を選ぶといいでしょう。

ただスマホは情報伝達ツールでもあるので、今の金運だけにこだわらなくてもかまいません。情報がやがて金運アップにつながることもあります。

有益な情報が欲しかったり、人とご縁をつなげたかったりするなら青や緑が最適です。将来に向けてクリエイティブな情報が欲しい場合は、赤や紫も向いています。

いうまでもなく、スマホケースもきれいに使いましょう。

まとめ

おすすめの財布の色

- **黄色、茶色(貯蓄を増やす)**
- **ピンク、オレンジ、ゴールド、シルバー(循環をよくする)**
- **白(悪い流れをリセットする)**
- **黒(浪費を防ぐ、お金を封じ込める)**

避けたほうがいい色

- **赤、紫、青、緑**

お財布にお金が集まってくるお札のナンバーの魔法

お札にはそれぞれ通し番号があります。

その中で、番号の最後が「9Z」で終わる1万円札は、縁起がいいといわれるラッキーナンバーのお札です。

1万円より高額のお札はなく、1円から始まるお金の最後の通貨であり、さらに9は数字の、Zはアルファベットの終わりなので、このお札はすべての終わりという意味を持っています。

ですから9Zの1万円札を使わずにお札入れの一番後ろに置いておくと、1円玉から1万円札、数字の1~9、アルファベットのA~Zという、始まりから終わりまでのすべての通貨が寄ってくるといわれているのです。

銭洗いの神社に行くときは、そのお札を洗って邪気をはらうと、さらに神気が入ってきますよ。

ラッキーナンバーは全体運をアップさせる

金運も含め、すべての運をアップさせるには、自分のラッキーナンバーを使うことも効果的です。

数字にもエネルギーがあり、その性質は、数字ごとに全部違います。この各数字の性質と、自分の九星の性質の相性の合う数字が、その人のラッキーナンバーです。

私のサイト「開運気学 BAMBOO!（https://kigaku9girls.com/）」では、生年月日を打ち込むだけで調べることができますよ。

ここで「最大吉方《さいだいきっぽう》」にあたる星の数字が、あなたのラッキーナンバーになります。

人は誰でも、生まれた年月日によって得意分野と不得意分野を持っていますが、その得意分野を伸ばしたり、不得意なところを埋めてくれたりするのが、最大吉方の星。

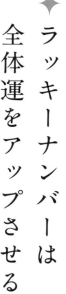

ということは、最大吉方の星のナンバーが、自分の最大のサポーターになるのです。

たとえば自分にとって最大吉方の星が一白水星だとしたら、一白水星をつかさどる1と6がラッキーナンバーになります。


普段の生活でラッキーナンバーを意識して使うことで、どんどんラッキーなことが引き寄せられてきますよ。


私たちの暮らしに数字は欠かせないもの。毎日日付や時間を数字で見ますし、車のナンバープレートや暗証番号などにも数字が出てきますよね。

毎日必ず接するものだけに、数字のエネルギーの影響は大きいのです。


私は乗り物や劇場の席の予約など、数字を選べる場面では、必ずラッキーナンバーが使えないかトライします。

ラッキーナンバーが取れたとき、また数字を選べない場面で偶然ラッキーナンバーが来たときなどは、本当にいいことが起こるんですね。

中でも金運を上げたい方は、仕事など金運に関わる場面でナンバーを意識することをおすすめします。

私も出張に使う新幹線で号車番号と座席番号で全部ラッキーナンバーが取れたときは、実際にいいお話をいただいたりと、いい打ち合わせが必ずできます。

アポイントを入れる日や時間をラッキーナンバーにするのも効果的。私の公式LINEの配信なども、ラッキーナンバーの入った時間にするときとそうでないときとで、読者さんの反応がまったく違います。

ただ座席などはそのときかぎりなので、ずっと身に着けていられるアクセサリーや服にラッキーナンバーを取り入れるのも吉。御守《おまも》りのように使えますよ。

また最大吉方の星を見ると、あなたのラッキーカラーやラッキーアイテム、ラッキーフードもわかります。

それも前述のサイトに載せていますので、幸運を呼び込みたいときはラッキーカラーのアクセサリーや服を身に着けたり、ラッキーフードを食べたりしてみましょう。

✦星のモチーフは最強のエネルギーを秘めている

金運を含めて全体的に運を上げたいときは、星のモチーフを使うのもおすすめです。

九星氣学は「一白水星」「四緑木星」など「星」で分かれていますよね。星のモチーフを身に着けると、それぞれの「星」の持つエネルギーが最大限に引き出されるのです。

しかも、２０２４年から２０４４年までの20年は九紫火星の性質を持つ時期で、その九紫火星のモチーフが星なのです。

ですから今から星のマークがあるものを持っておくと、時代の流れに乗ることができるというわけです。

実際にハイブランドなど時代の空気を読むのが得意なところでは、星のマークを使っているものが増えています。

九紫火星はハイクラスのエネルギーも持つので、とくに金運を大きく上げてハイクラスに行きたいという方は、星のモチーフを積極的に使ってみてください。

感謝と愛情を高めてくれるハートの形も、取り入れるといいマークのひとつ。恋愛運のところでまた詳しく説明しますが、感謝の気持ちが高まって、最終的に金運アップにもつながります。

ゴールドのアクセサリーも金運と深いつながりがあります。金運を上げたかったら身に着けてみてください。

九星氣学的観点で見ると、ゴールドには、金運の底上げにつながる六白金星のエネルギーがあるのです。

シルバーも六白金星の色なのですが、若い性質を持ち青みがかっているので、貯蓄運のある土のエネルギーを持つ黄色が強いゴールドのほうが金運アップには向いています。

Day 4

吉凶を左右する「開運日」の過ごし方のレッスン

✦四季の流れに合わせた行動を取るメリット

これまでお伝えしてきたように、九星氣学は自然の流れに沿って神気を取り入れながら生きる、上手な生き方を教えてくれるものです。

日本にいるなら春夏秋冬があり、そのリズムは避けられませんが、季節に合わせてどう行動するかは変えられますよね。

四季がはっきりしているということは、流れがわかりやすいということ。流れをキャッチして、それに合わせた行動をすることで、五感が磨かれて、自分の気を読み取ることも簡単になります。

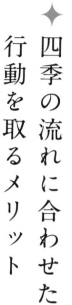

自分を知り、みずからの潜在能力を最大限に生かせるようにもなってきますよ。

幸い日本には、お正月から始まって、七草がゆ、節分、桃の節句というように、季節を感じられる風習が残っています。

たとえば七草がゆだったら、お正月にご馳走《ちそう》を食べて疲れた胃を休め、体の調整をするためだといわれますよね。それぞれの風習には意味がちゃんとあるのです。

これらの風習を大事にして、なるべく季節のリズムを感じて暮らしましょう。

今でも暦を調べれば季節の流れが示されています。ぜひチェックしてみてください。

その季節には2つの流れがあります。

それは、夏から冬への陰に向かう流れと、冬から夏の陽に向かう流れです。

冬至は、1年で一番日照時間が短く、陰に向かっていく流れの最後の日、陰の極みの日です。その日を境に夏至まで陽への流れに変わります。

夏至は日照時間が最長になる、陽の極みの日。その日から今度は流れが陽から陰に変わります。

冬至の後の1、2月は、気温は最も低くなりますが、それでも少しずつ日差しの温かさを感じて、春らしく思えたりしますよね。

最も暑くなる7、8月も少しずつ秋に向かっていくのがわかり、お盆を過ぎた頃には暑い中にも秋を感じる方も多いのではないでしょうか。

それだけ私たちには四季の流れを感じられる感性が備わっているのです。


陽の流れの期間は、種をまき育てる時期です。外に出て動いたり、走ったりすることに向いています。

陰の流れの期間は、実ったものを収穫して受け取る時期。休み、落ち着くことに向いています。


夏至と冬至には、陰陽の流れの変化を意識してみてください。

冬至にカボチャを食べたりといった行事も、季節の境目を意識できるので、なるべく取り入れてみましょう。

✦陰陽のバランスをとれば不運は激減！

季節の流れと同じく、個人個人の気の流れにも陰陽があります。

それに合わせて行動するとスムーズに生きられるので、自分の運気の陰陽を意識してみるといいでしょう。

自分の気の流れは、四季を意識して五感を磨いていくことで徐々につかめるようになります。

感覚に自信がないうちは、九星氣学も上手に利用してみましょう。

陰の時期は「静の行動」にいいとき。

今より拡大したり、新しいことをしたりする行動ではなく、成果を刈り取ったり、メンテナンスや調整の行動をしたりするのに適しています。

誤解されやすいのですが、けっしてこの時期に行動してはいけないわけではありません。

たとえば、九星氣学で巡る運勢の中に「定着」の時期があり、これは陽ではなく、陰《いん》極《きょく》の発展の時期になります。

その時期に入ったら、今までしてきたことを落ち着かせるような動きをしていくと、効果が表れやすくなります。

仕事でプロモーション活動をするときでいえば、ターゲットを既存顧客にする場合と、新規顧客にする場合がありますよね。

陽極《ようきょく》の発展の時期なら、新しいことに向かっていく勢いがついています。新規顧客を広げる活動をすれば、新しいお客さんを増やしやすいはずです。

一方で、陰極の発展の時期は、既存顧客を喜ばせ、感謝を表す活動をするのに最適。すでに自分がなにかを受け取っているなら、その人にエネルギーを還元することでまた自分に返ってきます。

お客様感謝デーを作ったり、顧客のコミュニティを築いたりすると成功する可能性が高くなりますよ。

ところが「発展の時期」と聞くと、多くの人が新しいことを始めたり、前に出ていったりと、陽の発展の行動をしてしまいます。結果的にうまくいかなくて、挫折しやすくなるのです。

陰と陽に良し悪しはなく、最も大切なのはバランス。今どちらの活動をすればいいのか区別して、片方に偏らないようバランスをとるのが開運のコツです。

自分にとって悪い時期やよい時期があっても、流れの中でバランスをとっているだけだと冷静に見られると、とても生きやすくなりますよ。

✦陽の重視は女性を不幸にする⁉

陰陽のバランスでいえば、男性性と女性性のバランスをとることも大切です。男性のエネルギーは陽で、女性のエネルギーは陰の性質があります。

古代から人間は男性が陽の行動（狩猟時代に男性は外で狩りをする）、女性が陰の行動（女性は家で子どもを守って育てる）を中心にしてきました。

農耕が主流になっても、田畑を耕す力仕事は男性がして、女性は細かい家の仕事を中心にしていました。

女性が家にいるからといってなにも行動していないわけではないですよね。陰の行動をしています。陰と陽、男と女でどちらが上というのもなく、女性も家の中で尊敬されていて、バランスがとれていたのです。

ところが、徐々に陰はよくない、陽がいいという価値観が広がり始め、バランスがくずれていきました。
その結果、現代社会では、外で働いてお金を稼いでいる人が子育てや家事をする人より偉い、外に出ていく営業のほうが社内の事務仕事よりも高給で当然、そんな考え方がまん延していますよね。

今は極端に陽に偏りすぎた極陽の時期といえます。

選択肢が増えて、女性が外で活躍できるようになったのはいいことではあります。けれども、根底に「陽のほうが偉い」という価値観があるのなら、せっかく社会進出しても女性の幸せにはつながりにくいといえるでしょう。
やがて陰陽のバランスがくずれて苦しむことになりかねません。

また、最近は夫婦で協力して家事を分担している家庭も増えています。どちらかに負担が偏らないようにするのは確かに大切なこと。
しかし、奥さんがもし「旦那にもっと出世してほしい、稼いでほしい」と思うならば、家のことを旦那さんに強いるより、自分中心に回したほうがいいのです。

いわゆる「あげまん」の方々は陰の役割（夫をサポートする側）に徹しています。

一度「陽がよくて陰が悪い」という考えはリセットし、どうすればバランスがとれるのか、考えてみましょう。


とくに日本は、本来は陰の国だといわれ、アメリカなど陽の性質が強い国の人よりも受け身で、自己主張したり前に出ていったりするのが得意ではない人が多いですよね。

それなのに今では、無理に陽の活動ばかりしようとして、心身のバランスをくずしてしまう人がたくさんいます。

いつも積極的に前に出るだけでなく、ときには受け身になる、頑張って力を出すだけではなく、しっかりとその成果を受け取るなど、陰の行動も意識してみてください。

✦「節分」を意識すると大チャンスがやってくる

1年のリズムで見ると、最も大切な時期のひとつが節分です。

自然の気の流れから見て、2月2、3日頃にある節分は、1年の終わり。翌日2月3、4日頃に迎える立春が新しい年の始まりだと昔からいわれてきました。

節分とは、この日を境にエネルギーが大きく変わる、文字どおり節目の日なのです。九星氣学でも、節分までを1年とみなします。

節分の豆まきで「鬼は外、福は内」と言うのは、年の変わり目に家の気のリセットをするため。気の出入り口である「鬼門」から前年の古い気を外に出し、神気を入れているんですね。新しい気が入るので、「福は内」でまいたほうの豆を食べるといいでしょう。

節分の前後1週間ぐらいに、変えたい習慣を変えてみると、ちょうど変化のエネルギーに乗ってスムーズに進みやすくなりますよ。

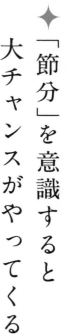

✦春分の日に始め、秋分の日に実りを確認する

お彼岸の中日にある春分と秋分の日は、昼と夜の時間が同じ。しかも「暑さ寒さも彼岸まで」の言葉どおり、冬至と夏至の太陽のエネルギーが地球に反映され、本格的に春と秋が始まるときでもあります。

極陽に向かう流れと、極陰に向かう流れのバランスが最もとれているので、この日から本格的に陽の活動、陰の活動を始めるといいでしょう。

3月20、21日頃の春分の日は、芽吹きのとき。なにか未来に向かって新しいことを始めてみると、陽に向かうエネルギーが取り入れられ、順調な成長が見込めます。

始まりを意味する白い色を身に着けることで、新しいエネルギーも取り入れられますよ。白い服や靴、かばんなどを使ってみてください。

9月23日頃にある秋分の日は、収穫、受け取りのときです。

この頃に最もすべきことは、自分がしてきた行動に対して、受け取ったものを意識すること。結果、効果、成果、といった果実をよく見てあげることです。

ダイエットを例にとってみましょう。「5キロ痩せる」と目標を掲げ、結果的に2キロ痩せたとしたら、目標は達成しなくても2キロ痩せたという成果が得られたわけですよね。

でもここで「5キロ痩せられていない」というように「ない」に目を向けてしまう人は多いと思います。


とくに陽極に偏りがちな現代人は、「目標に届かない」という「ない」にばかり目を向けて、自信をなくし、いつまでも「もっと頑張らなければ」と走り続けてしまいます。

でも、ダイエットを始めたおかげで、2キロ痩せたという結果が「ある」わけですよね。

「目標を達成できなかった」と思うとやる気をなくしてやめたくなりますが、「効果があったから、もう少し続けてみよう」と考えたら、続ける気にもなるのではないでしょうか。

ですから、受け取ったものにもちゃんと目を向けてほしいのです。

いつまでも「ある」を意識できないと、欲するだけの人になってしまい、やがてバランスをくずしてしまいます。

四季のリズムで見た場合に、その「ある」を意識する最高のタイミングが秋分の日です。毎日忙しくて、振り返る余裕がない現代人にとってはなおさら、大切なチャンスの日。ここで「ある」ものに気づくと大きな満足感が得られます。

月の満ち欠けも、もう少し短いスパンで陰と陽を繰り返しています。新月の日に新しいことを始めて、満月の日に成果を確認するというリズムを意識してみましょう。とくに月が満ちるときは、満たされるエネルギーが大きくなります。自分がなにで満たされているか、考えてみてください。

このように、自然の流れは陰と陽をきれいに循環しています。

節目に少しでも陰陽を意識してみて、出すときは出し、受け取るときは受け取るのも忘れないようにして、バランスのとれた生き方をしていきましょう。

✦「土用」の期間に重大な決断はしない

ほかに暦の中でとくに注意したいのが、「土用」です。

土用は地球のエネルギーが大きく変わる時期。地球のエネルギーを五行で見ると、春は木、夏は火、秋は金、冬は水のエネルギーが強い時期です。

それぞれの四季のエネルギーは急に変わるわけではなく、間に移行期間があり、その間は土のエネルギーが強くなります。これが土用です。

土用の日程は年ごとに違いますが、大体次のようになります。

春の土用　4月16、17日〜5月4、5日頃
夏の土用　7月19、20日〜8月6、7日頃
秋の土用　10月20、21日〜11月6、7日頃
冬の土用　1月16、17日〜2月2、3日頃

土用は季節の変わり目で、春なのか夏なのかわからない不明瞭な時期です。地球の空気が安定しないので、大地もぐらぐらと揺れるといわれます。

土から生まれて土に還る私たちは、大地のエネルギーの影響を大きく受けていますよね。もし大地が不安定で揺れていたら、そこに立つ自分の軸も揺れてしまいます。

その結果、なにが正解かわからなくなって、判断が鈍ります。

そしていつもの自分とは違った行動を取ってしまい、ミスしたり誤作動を起こしたりしやすくなるのです。

季節が不安定なので、自律神経も乱れやすくなり、体調をくずしやすい時期でもあります。

それを昔から神話でも「土用には土公神《どこうじん》が降りる」と戒めてきました。

土公神は土の神様。私たち人間はその土公神から土をお借りしていることになっています。土公神は普段は天界にいるのですが、土用中には地上に降りてきます。

その間は人間は土地を使ってはいけない、土を荒らしてはいけない、といわれてきたのです。

ただ土用の間には「間日《まび》」という日があり、間日は土公神が天上に上がっていて不在なので、土を使ってもいいといわれます。

ですので、土用の間は土いじりはご法度といわれ、昔は農家さんもなるべく土を触らないようにしていました。

家の基礎工事も避けるべきとされています。少し前までは棟梁がそれを知っていて、絶対に大工さんたちに土に触れさせなかったそうです。

人生の土台を作るような重要な決断にも向きません。根本が不安定になりぐらつきやすくなるといわれます。

引越し、結婚や離婚、大きな契約、大きなお金を動かすこと、お店の開店、大きな仕事のスタートなど、大きなことの始まりは、土用はやめておいたほうが無難です。

たとえば大きなプロジェクトのキックオフミーティングを土用にすると、関係者全員が不安定な状況の中でスタートすることになり、初動を間違える可能性が高くなります。行動してはいけないわけではなく、スタートさえ避ければ、始まっていることを実行に移すのは問題ありません。

土用は農作業を休み、土の栄養を整える期間でもあるので、静の行動に向いている時期ともいえます。

立ち止まって考える、休息を取る、静かに本を読むなど、英気を養うことになるべく時間を使うようにしましょう。

ちょっとした移動をするのも問題ないので、出張や旅行に出かけても大丈夫。旅行するなら、あまりアクティブに動かずに、温泉に行ったり、のんびり自然を眺めたりして、自分を整えるために時間を使うのが吉です。

私自身も過去には時間の都合で土用に大きなプロジェクトをスタートしたことがありました。けれど、どれもトラブルが続出したり、なかなか成功しなかったりと、うまくいかず空回りすることが多かったのです。

周りの人たちに聞いても、やはり同じような経験をした方ばかりでした。

ただし、土用は1回に17～18日と長いため、どうしてもその期間にスタートするのが避けられないこともありますよね。

その場合は、「間日」を調べてその日に始めましょう。

間日は1回の土用で5日ぐらいあります。

また、土用は入り時間と出の時間がはっきりしています。たとえば1月16日の午後7時から土用が始まるなら、7時までに始めると、土用の影響から逃れられますよ。

日付の数字と行動を合わせよう

ラッキーナンバーのところでもご説明しましたが、私たちは毎日必ず目にする数字のエネルギーから影響を受けています。

人それぞれ違うラッキーナンバーを使う以外にも、日付なら各数字が持つ普遍的な意味があるので、それを利用する手もあります。自分がやろうとしている行動のエネルギーに合う数字があれば、目的別に利用してみましょう。

たとえば1には陽の極みという意味があり、1月11日や11月1日のように1が並ぶ日には、なにかをスタートさせたり積極性が必要なことをしたりすると、いい結果を招きやすくなります。

2は陰の極みなので、2月22日など2が続く日は、自分から積極的に動くというより、なにかを受け取る日に選ぶといいでしょう。

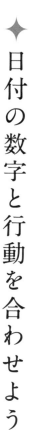

3は「お産」の意味があり、なにかを生み出したり実行に移し始めたりするのにいい日。

4は調和やバランス。

5は中央、真ん中。

6は、5までの前半を終わらせ、後半をスタートさせる数字なので、完成や充実という意味があります。

7はラッキーセブンといわれるとおり、いい結果が出ることや喜びを意味します。

8は算用数字では無限大の形、漢数字の八は末広がりの形で、無限や拡大の意味があります。

9は1桁上がる前の数字で、次のエネルギーに向かう最終ステップです。

0は無なので、リセットや、これからなんにでもなれるということを意味します。


この中でも、陰陽の極みである1と2の数字のエネルギーは最も強力。1月11日、2月22日など、1と2のゾロ目をここぞというときに設定するととくに効果的です。

11月22日は「いい夫婦の日」といわれますが、数字のエネルギーから見ても男女の陰陽のバランスがとれる日です。

「仏滅」「赤口」の日も実は心配なし

暦には、大安や仏滅といった六曜《ろくよう》や、天赦日《てんしゃ》など書かれていることがありますよね。大安、友引、天赦日、一粒万倍日《いちりゅうまんばい》などもラッキーデーではありますが、これらは一説には江戸時代以降に広まったともいわれ、自然のリズムとはそれほど関係がありません。「仏滅」というワードはあっても仏教とも関係ないといわれています。

それよりも以前から気学で検証されてきた陰陽の流れや、季節の節目、人それぞれの五行で見た吉日のほうが、私たちに及ぼす影響力は強いといえるでしょう。

お葬式に友引は避けるなど、社会常識上取り入れたほうがいいときもありますが、普段はあまり気にしなくても大丈夫です。

仏滅や赤口《しゃっこう》など縁起が悪いとされる日も、心配ありません。

気学的にいい日が2日間あって、片方が一粒万倍日であればそちらの日を選ぶというように、気の流れを優先させた上でラッキーデーがあれば使ってみましょう。

Day 5

神様からパワーをいただく「神社参拝」のレッスン

望みを叶えてくれる神社は人によって違う

叶えたい望みがあるときに、神社を参拝して祈願する人も多いと思います。ここでは九星氣学的に見て、望みを叶えるために効果的な神社参拝の仕方をお教えしましょう。

神社を参拝することがなぜいいかというと、天と地と自分とをつなげることができるからです。

地は大地、地球、ご先祖様、天は太陽、神様。そこに自分がつながることにより、天地のパワーが自分に入ってくるんですね。

気持ちもクリアになり、目標へとまっすぐ進んでいくことができるようになります。

ですから神社ではできるだけ天と地のエネルギーにつながれるよう、気持ちを集中させ、五感で神気を受け止めながら、意識をリセットしていってください。

どの神社がいいかは、自分のエネルギーによって違います。五感が研ぎ澄まされていくと、自分にとって合う神社、合わない神社がわかってきますよ。

「有名な場所だから」「偉い人がすすめているから」といった理由で行くよりも、自分のピンときたところ、心地よく感じるところに行くのが正解です。

世間的にいわれるパワースポットでも、あまり自分とはエネルギーが合わない場合もあります。金運アップで有名な神社に行っても、たくさん人がいて騒がしく、ぎらぎらした欲ばかり感じてしまうこともあるかもしれません。

一般的に、清潔で手入れが行き届き、水がきれいな神社、お祭りがあったりして活性化している神社がいいといわれます。そのような神社は、場が整っていて、いいエネルギーが流れていることが多いのです。

たとえ静かな場所でも、草ぼうぼうだったり、設備が汚れたりしていて、空気がよどんだ感じがする神社はあまりおすすめできません。

静寂で、余計なモノをできるだけ排除した清潔な空間は、陰のエネルギーが高いもの。現代社会で陽に偏りすぎたエネルギーをリセットしてバランスを整えてくれます。

神社では「気持ち」をリセットして

境内に入ったら、まずその空気感を味わいます。
神社はたとえ大都会の真ん中にあっても、そこだけ雰囲気が違って感じられますよね。ご神木があったり緑が多かったりして、空気も澄んでいますし、季節感も味わえます。整った場の厳《おごそ》かな雰囲気を味わいながら、できるだけ心が静まるよう、静かに心を集中させて歩きましょう。

参拝の方法やマナーはそれぞれの神社ごとに違うので、なるべく相手をリスペクトする気持ちで従うのがベスト。神様と神社にお仕えする方々にとっても自分にとっても、気持ちよく参拝できるはずです。

一般的には参道《さんどう》の左側を通り、途中の手水《ちょうず》で手を洗って浄化し、本殿でお参りします。

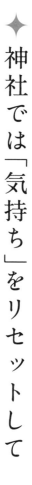

たいていの神社には、すぐ本殿にたどり着けないよう長い参道が設けられています。参道は「産道《さんどう》」と同じで、新しく産んでいく場所。

そこを通る間に気持ちをリセットすればするほど、新しい自分に生まれ変われます。

よく伊勢神宮では、橋を渡る間はなにも喋らないほうがいいといわれます。それは橋の石を踏んだときに鳴るじゃりじゃりという音をよく聞けば聞くほど、心が浄化できるからです。

人とお喋りしながら歩くのはやめましょう。話に気を取られてしまって集中できなくなります。

気持ちのリセットをすることができなかったら、どれだけいい気の流れたパワースポットにいてもあまり意味がありません。

静かに心を集中させて歩いていると、雑念がクリアになり、自分がどう思うか、どう感じているかがはっきり浮かび上がってきます。

その自分の気持ちを大切に受け止めましょう。

✦お願いより「決意表明」をしよう

お参りするときは、「望みを叶えてください」とお願いするより、「私は○○をします」というように宣言して、決意表明することをおすすめします。

「おかげさまで昇進できました。ありがとうございます」というように、未来を先取りしてお礼するのも、「未来の自分はこうなる」という宣言になります。

お願いする姿勢には、「神様、なんとかしてください」という気持ちがありますよね。それに対して決意表明には、あくまで自分が主体になって行動し、神様にはその応援を頼むという意図があります。

自分が行動したほうが、エネルギーが湧いてくるので、願いが叶いやすくなるのです。

また、「○○になりますように」とお願いするのは、今そうなっていないから願うわけで、「ない」状態を前提にしていますよね。

それではいつまでも「ない」現実を作ってしまい、願望が達成されにくくなります。

お願いが叶ったらもう一度その神社にお礼参りに行き、神様に感謝の気持ちを伝えることも大切です。

ここでも「ありがとう」に込められた「ある」の意識が、さらなる「ある」を呼んでくれます。

神社で「開運ツーリズム」のすすめ

もし遠くの神社に行くなら、海外の旅行客の間で流行っている「ウェルネスツーリズム」を併せてみることをおすすめします。

ウェルネスツーリズムとは、心身の健康を保つための旅行です。

具体的には、旅先で地域の伝統行事に参加したり、自然に触れたり、その土地でとれた食べ物を口にしたりして季節や土地のエネルギーを感じる、静かな場所に身を置いて自分を見つめるといった体験をします。

五感を磨き、自分のエネルギーを整えられる旅行であり、さらに旅先でその土地の神社にご挨拶すれば、いっそう神気を呼び込むことができ、「開運ツーリズム」にもなります。

コロナ禍で外出の機会が減り、旅行回数が減った方も多いですよね。せっかくの貴重な旅行なら、なおさら開運のチャンスとして利用してみるといいと思います。

さらにその時期の自分にとって一番ラッキーな「吉方位」への旅行をすると、自分にとって最もいい気を取り入れることができます。

私もよく吉方位ツアーを開催していますが、参加者のみなさんがそれぞれ旅行を楽しみながら、開運することができています。

吉方位を知りたい方は、信用できるサイトで調べたり、専門家に聞いたりしてみましょう。

私が監修しているWEBアプリ「ラキ☆カレ（https://lakicale.com）」でも、一定期間無料で吉方位を調べることができます。

✦不可能を可能にする！　百日恵方参り

願望達成に絶大な効果が期待できるのが、「百日恵方参り《ひゃくにちえほうまい》」です。

「百日恵方参り」とは、立春からの1年の間に100回、自宅から見て恵方にある神社にお参りするというもの。

恵方とは、誰にとっても1年で最もいい方角です。今ではすっかり定着している、節分に恵方巻を食べるときに向く方向なので、簡単に調べられますよね。

その恵方の神社で毎日神様にご挨拶して、叶えたい望みをひとつあげた上で、「絶対に叶える」と誓うのです。

昔から1年に100回お参りすれば、神様が「100回も来てくれたんだから、願いを叶えてあげよう」と叶えてくれるといわれています。

それに100回同じことを宣言していたら、無意識に脳にも刷り込まれますよね。すると願望実現に向けて自然と行動するようになり、実現が近づいてきます。

１００回お願いしたという事実が「ある」ことで、「ある」現実が訪れるわけです。

また自信がなく不安な状態では、いざ実現のチャンスが訪れたときにしり込みしてしまうこともありますが、１００回お参りしたことなら勇気を持って飛び込むこともできます。

気学的な観点から見ても、お参りする度に天と地と自分がつながり、天地のエネルギーをいただくことができます。

その度に古い自分をリセットして、気持ちを新しく切り替えることができたら、１００回終わった頃には完全に新しい自分に生まれ変わっているのです。

もちろんその新しい自分とは、願望を叶えるのにふさわしいエネルギーに満ちた自分。

60兆個あるともいわれる人間の細胞も、毎日新陳代謝《しんちんたいしゃ》を繰り返して、約3か月で完全に新しい細胞と入れ替わるとされています。

その意味でも、１００日ぐらいがちょうどリセット期間。最初に全部の細胞の意識が

「ノー」と思っていたとしても、3か月「イエス」と言えば、体の全部が「イエス」の意識に替わっているのです。

このように、百日恵方参りには、可能性ゼロと思っていたことを100にするくらいのエネルギーがあるといえます。

実際に私の周りで100日で達成できた人は、ほぼ全員が効果を実感しています。願いが叶った人はもちろんのこと、長期計画を叶えられそうな状況にぐっと近づいた人もいます。

また気持ちに大きな変化があって、自分が本心から望んでいることがわかり、新たな一歩を踏み出せたという人も。

「結婚したい」と願っていた方は、16歳年下の素敵な男性からプロポーズされました。

また「大きな企業と契約したい」と言っていたコンサルティング業界の方は、誰もが知る日本有数の大企業と契約できたそうです。

効果を高める百日恵方参りの手順

神気の流れを考えたときに、百日恵方参りで最も大事なのは、やはり天地と自分のエネルギーをつなげることです。神聖な場所でお参りすれば、ストレートにエネルギーも入ってきて自分の気持ちもリセットしやすくなります。

その意味で神社のエネルギーは向いているのですが、精神が浄化されそうな神聖な場所であれば、お寺や教会でもかまいません。

規模の大小は問わないので、家の近くや通勤通学途中といった、毎日通いやすい場所から選ぶのがベストです。旅行中は、寝泊まりする場所から見て恵方に行けばＯＫです。出張などで家を空けることが多い方も続けてみましょう。

思い立ったときにいつからでも始められますが、できれば立春にスタートするといいでしょう。

新しいことを始めるのにふさわしいですし、恵方が変わる節分までの1年以内に達成する必要があるからです。連続して毎日続けるのが一番いいのですが、難しかったら間が空いてもかまいません。また春分、夏至、秋分、冬至のような季節の節目は自然のエネルギーが強いので、なるべく参拝日に組み込むことをおすすめします。

100日間お参りしたほうが効果は高いのですが、もしどうしてもできないという方は、せめて立春と季節の節目の日には欠かさず恵方参りするといいでしょう。

お参りするときは、神聖な場の気を感じながら、天地とつながるイメージをします。このとき、右手で天、左手で地を指すポーズをするといいでしょう。お釈迦《しゃか》様が生まれてすぐ「天上天下唯我独尊《てんじょうてんげゆいがどくそん》」と言って天地と自分をつなげたという逸話がありますよね。そのときにこのポーズをしていたといわれます。

天地とつながったような気がしたら、その年一番の願いごとをあげて「私はこれからこうします」「こうなります」と宣言してください。

まず自分の決意を表明したら、「目標に向けて頑張るので、神様チャンスをください」「チャンスを見抜く知恵をください」「チャンスに乗る勇気をください」と神様にお願いするのもいいでしょう。

お賽銭は自分で効果がありそうと思う金額を入れます。

基本的にはお札を使わず硬貨を入れます。安定したお参りの型を作ったほうがいいので、できれば毎日同じ金額にしましょう。

お寺は銅、神社が銀の性質を持つため、お寺には5円、10円、神社には1円、50円、100円、500円のどれかを入れるといいともいわれます。

100日という数字に合わせて100円にするのもいいでしょう。

大きなものを出せばそれだけ大きなものが返ってくるので、余裕がある方なら500円もいいですが、あくまで無理せずに続けられる金額でかまいません。

願いが叶ったらぜひお礼参りをしてください。普段は同じ額の硬貨を入れ、願いが叶ったので最終日に1万円を入れた、という方もいます。

百日恵方参りをすると、100日経つ前に途中で叶ってしまう方も多くいらっしゃいます。そのときはお礼参りをした上で、翌日からペースを落としてでもやめずに続けることをおすすめします。

ここで次の願いに変えてもかまいません。

ただその場合は、なるべく最初の願いに付随するお願いにしたほうが効果的。

たとえば「結婚したい」という願いが叶ったら、今度は夫婦円満や子宝に恵まれるようお願いする、起業の願いが叶ったら、顧客の増加や売り上げ目標の達成を願う、といったお願いの仕方をします。

テーマをひとつに絞って集中したほうが、軸がぶれず、気持ちが強くなってエネルギーが込められやすいからです。

まとめ

百日恵方参りのポイント

1. なるべく立春の日に始める
2. 神社以外でも、寺や教会など神聖な場所ならＯＫ
3. お墓を守っているお寺、お稲荷さんの神社は避ける
4. 途中で変更せず、できるだけ同じ神社に通う
5. 連続して毎日通うのがベスト
6. 春分、夏至、秋分、冬至の日はなるべく神社に行く
7. 右手で天、左手で地を指すポーズをする
8. お賽銭は効果があると思う硬貨を入れる
9. 願いが叶ったらお礼参りをする

Day 6

想い人との縁をつなぐ「恋愛運アップ」のレッスン

恋愛は「感情」と「欲」との戦い

気の流れで見た場合に、恋愛がうまくいく秘訣というものがあります。

ここではそのポイントをご説明していきます。

中には夫婦の絆を深めたり、恋愛以外のご縁をつないだりするために役立つことも多いので、結婚されている方も参考にしてみてください。


男性と女性の性質は陰陽で分けられるため、男女関係ではいかに陰陽のバランスをとるかが重要になってきます。

私たちは好きな相手には、愛したい、大切にしたい、なにかしてあげたいという思いと、愛されたい、大切にされたい、なにかしてもらいたいという思いを持ちますよね。

つまり、出すと受け取るというプラスとマイナスの気持ちがあります。

そのバランスがとれていれば、男女関係はうまくいくのです。

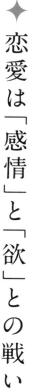

ところが、恋愛というのは、最もバランスをくずしやすいものでもあります。

というのも、恋愛では欲と損得勘定が出てきやすいからです。

多くの人が、関係が進むうちにだんだん欲が大きくなってきて、もっと欲しいという気持ちが強くなってきます。

最初の頃はそばにいるだけでうれしい、つき合えただけでうれしい、プレゼントをもらえるだけでうれしいと思っていたのが、ＬＩＮＥをしたらすぐ返事が欲しい、もっと高価なプレゼントが欲しい、というように、「もっともっと」と要求する気持ちが少しずつ高まっていく……。

そして、自分の欲を満たすことが本当の恋愛だと勘違いしてしまうのです。

そのあげく、欲をぶつけて相手を傷つけたり、嫌がられたり、不満から関係を解消したりして、うまくいかなくなるのです。

結婚生活も同じで、「もっと稼いでほしい」「もっと家のこともやってほしい」と相手に欲求してばかりいると、関係が悪化します。

もし友達が思いがけずクリスマスプレゼントをくれたら、それだけでうれしくて、「もっといいモノが欲しい」とはあまり思いませんよね。

しかし多くの人がそれを恋人やパートナーには当たり前のように求めてしまう。それが男女関係の落とし穴です。

自分を見失うほど相手に尽くしている人もいますが、それもなにかの見返りが欲しいという欲があるからです。大体は自分のことをもっと認めてほしいという承認欲求が根底にあります。相手といい関係を築きたいなら、受け取ることと出すことのバランスをとっていきましょう。

今までお話ししてきたおそうじや片付け、神社参拝など、自分のやることに集中して、心をクリアにすることもおすすめします。相手に求めてばかりいる欲が薄れていきますよ。

気持ちに余裕も出てくるので、「今仕事が忙しいんだな」と相手の状況も思いやれるようになれます。

✦バランスをとればよい出会いも増える

パートナーを探している人も、まずは陰陽どちらかに偏らないよう、バランスを整えていきましょう。

陰陽どちらかに偏っているときというのは、自分の軸からぶれている状態。そんなときは本来の自分がわからなくなって、自分自身のエネルギーが出せなくなります。

反対に陰陽のバランスがとれていれば、自分本来のエネルギーで生きることができるようになります。

そのエネルギーに呼応して、自分にとって最もふさわしい相手がやってくるのです。

自分にとって最もふさわしい相手というのは、自分が自分でいられる人、一緒にいるとお互いなんとなく居心地がいい人です。「運命の人」ともいえますし、スピリチュアルの分野では「ツインレイ」などともいわれます。

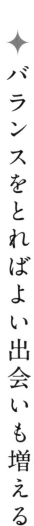

自分が自然でいられる人というのは、どんな条件よりも人生のパートナーに欠かせません。

そういう人といると、今の自分を否定せず認めることができて、さらに自分を磨き、成長させたいという、自己否定からではない本物の向上心が出てきます。

その気持ちが自分にエネルギーをくれて、仕事や人間関係もうまくいき、自分らしく飛躍できるようになるわけです。

ところが、自分の欲でパートナーを探すと、「年収いくら以上がいい」「年齢は何歳ぐらいがいい」「有名大学卒の人がいい」というように、条件をつけてしまいます。

それが出会いのチャンスを狭め、運命の相手をどんどん対象からはじいていくのです。理想の相手が運命の相手とはかぎりません。

お金持ちと結婚した人が必ずしも幸せな生活をしているわけではなく、お金がない人と一緒になっても幸せな結婚生活を送っている人もたくさんいます。

理想の相手像があるなら、それが自分の欲からきたものなのかどうか見てみましょう。

欲で相手を探していたら、たとえ条件が合う相手を見つけても、どんどん欲が増えてバランスをくずし、やがてうまくいかなくなるかもしれません。

欲が自分を幸せにしてくれるわけではない、ということは肝に銘じましょう。

相手を大事にすると自分も大事にしてもらえる

九星氣学で見ると、とくに恋愛と深い関係がある星は四緑木星と七赤金星です。中でもご縁に関しては四緑木星、恋愛の喜びに関しては七赤金星のエネルギーが関係します。結婚はまた新しいご縁の始まりとみなされ、四緑木星の影響が大きくなります。

2つの星に関係することをしていけば、恋愛と結婚はうまくいくと思います。

このうち七赤金星には循環の意味があります。

エネルギーは循環するので、人を大事にしたら自分も大事にされるものですが、七赤金星がつかさどる恋愛ではとくにその循環が生まれやすいのです。パートナーに大事にしてもらいたいなら、パートナーを大事にしましょう。それが自分に返ってきます。

何度かご説明したように、「ある」と思えば「ある」状態が作り出されていき、「ない」にフォーカスすれば、脳が「ない」と思い込んでどんどん「ない」世界を作り出していきます。相手を「大事にする」という状況を作れば、「大事にする」が「ある」という事実が生まれますよね。

そうすると、脳が「ある」にフォーカスでき、自分のほうにも「大事にされる」が「ある」という現実が生まれるのです。

ただし大事にするということと尽くすことは別なので注意しましょう。

尽くすというのは、自分を大事にせず、相手だけ大事にすること。尽くせば尽くすほど、「自分を大事にしない」という「ない」状態を作り出してしまいます。

自分の気持ちを大事にしないと、心が満たされずに、「ある」ということにフォーカスしにくくなるともいえます。「大事にする」というエネルギーが「ある」状態を作り出すには、自分も相手も大事にすることが必要なのです。

パートナーに大事にしてもらえたときも、「ある」ほうにフォーカスし「ありがとう」と受け取りましょう。ますます「ある」がやってきます。

「もっと大事にしてほしい」「違う形でしてほしい」というように、「欲しい」と思うのは、「ない」ほうにフォーカスしているから。大事にされている場面があるのに、「ない」ほうにフォーカスしていたら、どんどん大事にされなくなります。

✦「ありがとう」は恋愛運アップにも有効

金運のお話で「兌」の説明をしましたが、兌も七赤金星を表すエネルギー。

口から出す言葉がとても大事なので、「いつもありがとう」とか「あなたが大切だよ」というような言葉を相手にかけるのもいいことです。

すでにお伝えしたように「ある」から「ありがとう」が言えるので、出会いがあったことに「ありがとう」、デートができて「ありがとう」、なにかしてもらったら「ありがとう」というように、「ありがとう」と言えたら、どんどん「ある」世界が広がっていきます。

けっしてありがたいと思っていないのに無理に「ありがとう」と言えとはいいません。同様に、うれしくないのに「うれしい」、好きではないのに「好き」と我慢して言わなくてもいいのです。

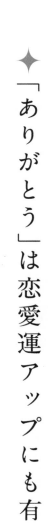

でもたとえ自分の希望と違っていても、誰かが自分のためになにかしてくれたことを考えたら、その気持ちはありがたいと思えますよね。

それに対して素直に「ありがとう」と言えばいいのです。

たとえば彼氏が予約して連れて行ってくれたお店が、あまり自分の好みではなかったとしましょう。

そのときに、「もっといいところにしてほしかった」「私好みのところに連れて行ってもらえない」と不満に思えば「ない」。

「わざわざ私のためにお店を探して予約してくれてありがたい」と思えば「ある」ですよね。

そこで不満を述べたら、相手はもう行きたくないと思うかもしれませんが、「ありがとう」と言ったら、次はもっといいところに連れて行こうと考えるかもしれないのです。

またパートナーがあなたを喜ばせようと考えてみかんジュースを買ってくれたとき、「私が好きなのはりんごジュースなのに、なんで考えてくれなかったの?」と不満をぶつけたらどうなると思いますか? 相手はがっかりして、次はなにも買ってこなくなるかもしれませんよね。

でももし「私のために買ってきてくれたんだね、ありがとう」と相手の思いを受け取れて「次はりんごジュースがいいな」とリクエストしたらどうでしょう。次はりんごジュースを買ってくれることは大いにありえますよね。

そんなふうに、「ありがとう」と言えたらまた次のチャンスが来るけれど、不満を言ったら次はなくなるのです。

といっても、なにをしてもらってもうれしかったつき合いたてのときと違い、慣れてくると欲が出て不満のほうが多くなり、ありがたいと思えなくなってくるもの。

初心に返って、少しでも相手に「ありがとう」と言えることを探してみるといいでしょう。

実際に人への不満ばかり言ったり、求めてばかりいたりする人は、たいていよいパートナーに巡り合えなかったり、恋愛がこじれたりしています。

一方で、人にしてもらったことになんでも喜んで満足している人は、恋愛や結婚生活でもうまくいっているのです。

「ある」ほうにフォーカスでき、自分の欲で相手に求める気持ちが外れていくと、恋愛も結婚もとても楽しくなりますよ。

実際に、私も最初の結婚生活の頃は、相手に求めてばかりでうまくいきませんでした。でも、たくさんリセットを重ねるうちに、欲がなくなって些細なことでも感謝できるようになり、どんどん楽しい結婚生活が送れるようになったのです。

とくに、九星氣学で人それぞれの性質の違いを知るまでは、自分が普通で当たり前と思っていました。

ですが、九星氣学を知ってからは人によってものごとに対する考え方や視点、対応するスピードの違いがあることがわかり、自分が普通で正しいわけではないと気づきました。

自分を基準として、違う意見を「間違っている」と思う考え方そのものが間違いでした。

ある記念日、恋人にプレゼントを渡したときに喜んでもらえると思ったら悲しい顔をされて、「なぜ⁉ うれしくないの？ 喜ぶとこでしょ」、と怒ったことがありました。

でも相手はもらった喜びより、「自分はなにも用意していなかったのに」、という私に対する申し訳なさがあったようです。

予定を入れるときも相手がぎりぎりまで返事をしないことにいつもいら立ちを感じていましたが、それは相手からしたら「なにかあったときに行けなくなって、迷惑をかけてはいけないから」という、相手を思いやる慎重さからくる態度だったのだと後でわかりました。


リスクを考えての発言にも「ネガティブなことばっかり言って」と積極的でないことにいら立ちを持っていましたが、守りからものごとを始める人だとわかり、それは私に対する優しさだと気づくこともできました。

こういった自分との違いが間違いではなく、優しさやとらえ方の違いだとわかる度に感謝でき、喧嘩が減っていったのです。

好きな人の「個性」を知って認め合おう

ここで考えたほうがいいのは、自分にできることが相手にもできるとはかぎらない、ということです。

人それぞれの能力は違います。

一般的に女性はいくつものことを一度に回していくことが得意。

多くの女性は会社の資料の提出日も、子どもの学校の参観日も全部覚えていられるので、家事や育児をしながら仕事も回していけるんですね。

細かいことにも気がつきやすく、子どものちょっとした体調の変化なども、大事に至る前に敏感に気づいたりします。

けれども男性は、そういうことが苦手な人が多いのです。

また九星氣学で見ても、六白金星はあまり人の話を聞けない、三碧木星は忘れっぽいといった特徴があります。

自分がなんでも気づける人だと、「自分は覚えているから相手も覚えているだろう」と考えて「私の誕生日を忘れるなんて、この人は私を大切に思ってくれていない」ととらえたりしがちです。でも、そうではなく、「個性が違うだけ」なのです。

また相手のそのときの状況によっても、対応は変わってきます。

あまりにも仕事が忙しくて、まったく誕生日のことを考える余裕がない場合もあります。

人によって愛し方、接し方もさまざま、事情もさまざまだ、ということを覚えておきましょう。

自分にあるものが相手にはないかもしれないけれど、その分自分にないものが相手にはあります。

「ない」にフォーカスせず、お互いに「ある」もので補い合えたら、バランスのとれた最強のカップルになれますよ。

✦「食」の共通点は2人の喜びに直結

ほかにも七赤金星の「兌」に関することは、すべて恋愛に関しても吉です。当然口に入れる食べ物も、恋愛運と深い関わりがあります。食に気を使って、新鮮なものをいただきましょう。

キッチンのおそうじもパートナー運アップの効果が期待できます。中でも食べ物を保管する冷蔵庫内をきれいに整理整頓することで、バランスのとれたいい関係が築けますよ。

気の合う友達とは食事の好みが合うことがよくありますよね。食べ物の好みが似ている人とはエネルギーが似ていて、思考や感覚も共通する部分が多いのです。私たちの体は食べ物で作られていて、なにを食べるかで思考も変わるからです。

とくに恋愛に関わる「兌」のエネルギーには「喜びごと」の意味があるため、食の共通項が恋愛の喜びや楽しみを連れてきてくれます。

食の好みが合うパートナーとは、一緒に

いて心地よく、楽しく過ごせる可能性が大といえるでしょう。

たとえば両方が回転ずしが好きだったら、2貫入りのひとつのお皿で1貫ずつシェアできて、食べられる種類が増えますよね。そんなふうにお互いの楽しみの幅が広がりやすくなるのです。

反対に、食事の嗜好《しこう》がまったく違う人とは、他の好みも合わない可能性が高いです。

具体的には自分は辛い食べ物が大好きで毎日食べたいのに、相手は全然食べられないとか、自分は食べることに興味がないのに、相手はグルメツアーをするぐらい興味があるというように大きな違いがある場合です。

いくつか違う嫌いなものがあったり、好きな辛さの程度が違ったりするというような話であれば、一緒に暮らしても問題はないです。

食の好みがまったく違う2人が一緒に暮らして毎日同じ食事をするとなると、お互い好きなモノを食べられずストレスがたまっていきますよね。ですから生活に支障をきたすほど好きな食べ物がまったく違う場合は、やがてうまくいかなくなることが多いのです。

パートナーを探している人は、相手の食の好みをまずチェックしてみましょう。

✦恋愛運アップには窓や玄関、床のおそうじをする

家の中では、四緑木星に関わる場所をおそうじするのもいいでしょう。四緑木星に関係するのは窓や玄関です。きれいにしておけば、よいご縁を招き入れ、良好な関係へと育んでくれます。

また自分が「ない」ものにばかり目を向けていて、「もっとこうしてほしい」と相手に求めてばかりいると思ったら、床をおそうじすることをおすすめします。

床そうじのときは下を向くので、「もっともっと」と上ばかり見ていた気持ちが落ち着いてきます。そして欲が抑えられてバランスがとれてくるのです。

床をぴかぴかに磨けば神気が呼び込まれ、リセット効果がさらに高まりますよ。

恋愛だけでなく、仕事がうまくいかないときにも床そうじは有効です。

自分の営んでいるお店が最初は流行っていたのにだんだん客足が途絶えてきたのなら、お金を稼ぐことばかり考えていて、足元のお客さんのことが見えなくなっているのかもしれません。

そのように上ばかり見て土台がおろそかになっているときに、基本に返る大切さを教えてくれるのが床そうじなのです。

✦「香り」は恋愛のバランスをとる優れもの

四緑木星は香りのエネルギーを持つので、味覚と同じく嗅覚も恋愛にとても重要な要素です。日常生活に気に入ったアロマオイルなどの香りを取り入れるといいでしょう。相手への要求ばかりが高まってしまったときに、リラックスする香りを嗅いで気持ちを落ち着ければ、バランスがとれていきますよ。

嗅覚を整えることで、「鼻が利く」状態になり、相手の変化もわかるようになります。相手が隠しごとをしていると「なにか臭うな」と感じられたり、ちょっとしたシャンプーの香りの違いから浮気を嗅ぎ付けたりもできるようになるでしょう。

パートナーを探すときも、食と同様に香りを意識してみましょう。

体臭だけでなく香水のチョイスや強さ、シャンプーや整髪料などの匂いを好きになれそうなら、自分に合う人かもしれません。反対に、匂いに違和感がある相手とは合わない可能性が高いともいえます。

ハートのアイテムが愛のエネルギーを高める

ピンクやオレンジ色は愛情を意味します。なるべく身に着けておくと恋愛も結婚もうまくいきやすくなりますよ。

ハートの形も愛情の象徴です。素材はゴールドでもシルバーでもどちらでも大丈夫なので、ハートの形のアクセサリーを身に着けるといいでしょう。

LOVEという文字も、言霊《ことだま》のエネルギーがあるので、愛情運アップの効果が期待できます。

といっても、ハートのネックレスや、ピンクのTシャツは自分の趣味に合わない、という方もいますよね。

そんな方は、下着に取り入れてみるのが一番。

下着であれば毎日ピンクやハートの入ったものを着けていても、他人には気づかれなくてすみますよね。

かばんやチャームといったものに取り入れるのもいいのですが、肌に直接触れるアクセサリー、下着、靴下などがベストです。

肌に近ければ近いほど、運気アップの効果を発揮してくれます。

ほかにも、ご縁を求めるのか恋愛関係改善を望むのかなど、目的に応じて、四緑木星や七赤金星のキーナンバーを身に着けたり、キーカラーやキーアイテムを取り入れたりするのもいいでしょう。

開運は作れる！ほくろを描いて運気アップ

ほくろは、ついている場所によって自分の持っている性質や傾向が現れます。

目尻の近く、鎖骨、ほうれい線の内側についている人は、恋愛運がいいといわれます。

恋愛運を上げたいときは、その場所にアイライナーなどのメイクグッズで濃くはっきりとほくろを描いてみるのもおすすめです。

ほくろひとつあるかどうかでイメージが大きく変わりますよ。避けたいのは唇の中のほくろ。そこにあると流されてしまっていい恋愛ができないといわれます。

ほくろは一生のうちに増えたり減ったりします。濃くなったり薄くなったりしたら変化のサインです。大きさは関係なく、小さくても黒くはっきりしたものはいいのですが、大きくても薄茶色のものはマイナス要素が強いといわれます。

気になる場合は、メイクで黒くはっきりしたほくろにしてみましょう。

たとえば口元にある薄茶色のほくろは、浮気性の傾向があるといわれています。しかしそれが黒くはっきりしていると、人気運アップの意味に変わるのです。

また年下に騙されやすい運を持つといわれる口の右下にある薄いほくろも、黒くしたら年下にもてるほくろになります。

あまりいい意味を持たない場所にほくろがあって気になってしまうなら、ファンデーションで隠してもいいのですが、薄く見えていると逆効果になります。隠れないなら思い切って取ってしまうか、はっきりと描くか、どちらかにすることをおすすめします。

まとめ

ほくろを描く位置
- **目尻の近く**
- **鎖骨**
- **ほうれい線の内側**

※薄い場合は濃くするとよい

Day 7

思いどおりの未来を作る「願望実現」のレッスン

✦神気の流れを読んで行動するポイント

これまで何度もお伝えしてきたように、自然界に流れる神気の動きを生かすことが、開運、そして願望達成の大きな秘訣といっていいでしょう。

私自身も九星氣学を学んで、自然の流れに逆らわないことがいかに重要かを知り、今では未来を見越しながら運勢に合わせた行動を心がけています。

ただそれだけで、それまで無理だと思っていたたくさんの願いを叶え、幸せに生きられるようになったのです。

そこでその私の経験を少しご紹介したいと思います。

気学と出会ってたくさんのことをリセットし、再スタートを切った翌年からのこと。

私の運勢は、準備の年、始める年、広げる年、定着させる年と続いていきました。

準備の年に入るときには将来の自分を見すえ、逆算してなにを準備すればいいか考えました。

そのとき課題となっていたのが、四国では活動範囲が限られてしまうということ。

それならネットで活動の場を広げてみようと思い、鑑定が全部オンラインでできるようにシステムを整えるなど、その1年間は準備に専念したのです。

翌年は知名度を高める運勢だったので、ファッションショーを開催するなど、人目に触れるための活動を中心にして、どんどん表に出ていきました。

この1年後の広げる年は、YouTubeを始めました。

九星氣学について誰でもわかりやすいような発信を心がけ、スタートも一番よい日を選ぶなど、ベストを尽くしました。

それでも、うまくいく確証はなく、1年経っても反響が少なかったら自分には合わないのだからあきらめようという思いもあったのです。

ところが、スタートしてすぐに急速に広がり始め、1か月で普通はなかなか達成できない収益を上げるチャンネルになりました。

その年は世間的にオンラインが流行り出した時期。多くの人が慌ててオンライン配信を始め、試行錯誤する中、私はすでに準備を整えていたので、注目を浴びることができたのだと思います。

その次の年は定着させる年だったので、活動を広げることはせず、今あるサービスの充実化に重点を置きました。

翌年はステージアップの年。実際に有名な占い師さんとのコラボ企画をいただいたりと、より大きな仕事が舞い込んできたのです。

みなさんも九星氣学を取り入れたり、五感を磨いたりして、ぜひ神気の流れを知り、自然のリズムに合わせた行動をしてみてください。その中でたとえ思いが実現しないときがあっても、焦らずに自分のすべきことをして、時期を待つことも大切です。

ここまでお話ししたように、おそうじでリセットしたり、静と動のバランスのとれた行動を続けたりしていれば、やがて本当に自分が望んでいる場所へと導かれていきますよ。

✦自然のリズムを意識した「予祝」のすすめ

自然のリズムを生かした開運法として、究極といわれるのが、「予祝《よしゅく》」です。
予祝とは、願望が達成されるよりも前に、達成したときのことをイメージして、「もうそうなっている」という体《てい》で前祝いすること。

予祝をすると、願いが叶ったイメージが脳に刷り込まれます。
すると漠然と前に進むよりもゴールが明確になり、達成することがより現実味を帯びて感じられます。

そして脳が勝手に実現に向けて動き出し、目標から逆算して今はなにをすればいいかがはっきりして、ゴールに向かって行動できるようになるのです。

こうして実現の可能性が高まっていきます。

エネルギー的に見て、「ある」を作れば「ある」が返るともいえます。

誕生祝いというお祝いが「ある」のはなぜかといえば、誕生日になったという事実が「ある」からですよね。

先にお祝いしてもらったときも同じなのです。結婚のお祝いをしたという現実が「ある」と、未来に結婚が「ある」という状況が作られるわけです。

日本人が大好きな桜の花見も、もともとは予祝でした。

桜の開花が終わると、お米の種籾《たねもみ》を育てて田植えをするという、本格的な稲作のシーズンが始まります。

その前に秋の実りをイメージして先に祝えば、秋に実現する。そう昔の人は考えて、豊作を祈って花見でお祝いしたんですね。

つまり、春に種をまいたら実りの秋が来るという自然のサイクルに合わせつつ、潜在意識でイメージしたことが実現するという仕組みをうまく利用していたといえます。

今でも日本ではこのサイクルに合わせて、桜の頃に年度が変わり、新しい生活が始まるようになっていますが、それも実り多い秋を迎えようという意図があるからです。

桜の花見をするなら、春からどんなことを頑張って秋にどんな収穫をしたいかをイメージし、前祝いするといいでしょう。

予祝は、桜の時期にかぎらずいつでもできます。達成したい目標に向けてスタートするときが効果的だといわれます。

婚活するときに友達を呼んで結婚祝いをしてもらう、試験に合格したかったら親戚に合格をお祝いしてもらうなど、叶えたい望みがあればぜひやってみてください。

すでに始めていることでも、「これから新たな気持ちで本格的にスタートさせたい」と思うときは、予祝で気分を一新させましょう。

✦予祝は人を巻き込むとより効果上昇

予祝のポイントは、人をからめること。

誰かに「おめでとう」と言ってもらうという現実が「ある」と、未来に「ある」状態が作りやすくなるからです。

それに1人と複数人とでは、エネルギーの広がりがまったく違います。

1人のエネルギーの影響が半径5メートルだとしたら、もう1人いれば半径10メートルまで広がりますよね。

しかも人と人のエネルギーが交わると、1人のときにはなかった連鎖反応が起きて、どんどん大きく広がっていくのです。

できれば、たくさんの人を呼んで大々的にパーティーをするといいでしょう。複数の人が叶ったと認識することによって、「ある」というエネルギーが充満して拡大しやすくなります。

難しい方は少人数でもかまいません。友達を数人呼んでホームパーティーをするのも、気軽にできておすすめです。

1人でもいいので主旨を理解してくれそうな友達を家に呼んだり、仲のいい友達とのランチ会や、親戚の集まりがあったときにちょっと「おめでとう」と言ってもらったりするだけでも効果があります。

もしどうしても祝ってくれる人がいなかったら、1人でも、やらないよりはやったほうがいいです。

そして誰かと予祝したときにやってほしいのが、インタビュー。

「成功の秘訣はなんですか？」
「困難な時期はどうやって乗り越えましたか？」
「結婚相手とどこで出会ったんですか？」

「プロポーズの言葉は？」

というように誰かに聞いてもらい、自由に想像して答えていきます。より具体的に叶ったときのイメージができて、現実化する可能性がぐっと高まりますよ。

頼めば面白がってやってくれる人も多く、パーティーも盛り上がります。

私の周りで予祝をした方は、彼氏ができた、資格試験に合格した、家が買えた、というように実際に願望を達成しています。

私も大きなプロジェクトがスタートするときにはよく予祝パーティーをしており、そうすると必ずプロジェクトが成功します。

✦ 2024年からの大変化の年に備える

九星氣学で見ると、2024年からの20年は世界が大きく変わる転換期。ぜひこの時代の特徴を知って、将来を見越した行動をしていきましょう。

この世界では、20年に1回ずつ、九星氣学のひとつの星の時代が巡ってきます。

第一運は一白水星の時代、第二運は二黒土星の時代というように続き、各星の時代ごとに、その星の特徴が大きく表れるのです。

9つの星の時代を20年ずつ経て、180年周期で世の中が完全に変わります。

第一運は古い時代の終わりと新時代の始まりにあたります。

前回の第一運は1864年から1884年。日本では江戸時代末期に尊王攘夷論が起こり、明治維新で完全に世の中が新しくなった時代でした。

その後、破壊と再生の時期だった第五運には戦争が起きたり、娯楽や消費に縁の深い第七運ではバブルが起きたりしています。

2023年までの20年は第八運で、停止と変化の時期。運気が停滞して経済も低迷し、斬新なアイデアや創造性が世の中に出てくるチャンスも止まりました。

コロナ禍で人の流れが止まったり、リモートワークという変化があったりしたのも、この時期の特徴を表しています。

そして2024年からの20年は、九紫火星の時代です。

九紫火星の時代は第九運にあたり、180年周期の最終段階。古い時代が一区切りついて、新しい180年へのバトンタッチが始まる時期です。

まだ誰も新しい180年がどんな時代になるか予測がつかない時期でもあり、未知数のエネルギーを持ちます。

これまで不可能だと思われていたことも、いくらでも可能になってくるでしょう。

この20年の後に明治維新ぐらい社会を根本から変えてしまう大革新が起きるわけですから、今までの考え方が根本からくつがえされるかもしれません。

水面下で開発されていた斬新な技術や、評価されていなかった新しいアイデアも世の中に出て、脚光を浴びそうです。

「なにも未来がわからない状況でどうしたらいいの？」と戸惑う人もいるかもしれません。

でも九紫火星のエネルギーを見ていけば、どんな行動や心構えが吉なのかわかります。

ここからご説明していきましょう。

リセットが必要な「離合集散」の時代

九紫火星のエネルギーは、離合集散《りごうしゅうさん》という言葉でも表せます。

離合集散の時代ということは、これから20年は、止まっていたものごとが動き出し、古いものがどんどんくずれて、いったんバラバラに散って離れる。そこからどんどん新しいまとまりができていく、という時代になります。

ここでいったんくずれ去るのはなにかといえば、価値がないものごとです。

今まではなんでもどこまでも安くすることがいいとされ、それによってモノの価値が壊され、本当に質のいいモノやサービスが評価されなくなっていました。

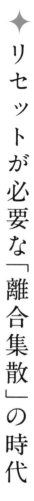

しかし薄利多売ビジネスは今後どんどん縮小し、消えていきそうです。そして本当に価値があるものごとだけが生き残るでしょう。

今まで人から評価されなくてもコツコツ価値を高める努力をしてきた人は、急に脚光を浴びることも。

ものごとの価値が評価されることにより、物価が上昇していくことも考えられます。

物価高が起きると、「生活が苦しい」という面ばかりがクローズアップされがちですが、一人一人の本当の価値もちゃんと評価されるようになってきます。

今まで世界に比べて日本の給料が安すぎていたけれど、これからは正当に価値が評価されて、もっと上がっていく人が増えると思います。

また最近、ネットを中心にお金を介さない交換手段が増えていますよね。巷では縄文ブームもあって、物々交換を見直そうという動きもあります。

それは、今のお金が本当のものごとの価値を反映できていないために、お金を使わずに真の価値交換をしたいという人が増えているからです。

今後はものごとの価値を妥当に評価できるような、新たな価値交換の手段が出てくるかもしれません。

✦「価値」がないものは積極的に捨てる

この離合集散の流れに乗るために、私たち個人はなにをしていけばいいのでしょう。

それは、いったん古いものごとを捨てる努力です。

もう価値を持たない古いモノや、自分の古い考えを思い切って手放し、新しくアップデートしていくのです。そうすれば時代のエネルギーの流れに沿って、2024年からの20年がとても生きやすくなると思います。

反対に、古いモノを手放せないでいると、今まで積み上げてきたことがあっという間にくずれ去り、有無を言わさず新しい行動をするようにリセットされることもありえます。

とはいえ、1からやり直しになっても、過去に培った技術は消えません。その技術があれば、1回目より2回目、2回目より3回目と、よりスムーズに前に進めることができます。そんなふうに、どれだけ失っても、本当に価値があるものは残ります。

ですから、自分を信じて、思い切って古いものごとを手放すのが正解です。

✦テクニックよりも「熱量」が大事

九紫火星は、火のエネルギーです。人間の性質でいうと、「燃え上がる」「熱量」といったキーワードがあります。

火は可燃物がたくさん集まっていると、どんどん燃え上がって、強くなりますよね。その性質から、1より2、1人より2人と集まることが吉とされます。

燃えるモノが集まると火があっという間に大きくなって、すべてを燃やし尽くすように、人の集合意識には非常に大きな力があります。

これからは個人個人の力がひとつの目標のもとに集合し、個と個の得意と得意が掛け合わさる機会が多くなります。しかもそのようにしてできたものの価値が即座に上がって、大きく拡大していくでしょう。

高い技術を持っていながら、今までは薄利多売ビジネス優位だったために価値を認めてもらえなかった職人さんなどもいたと思います。そんな人たちが広報を得意とする専門家と出会い、世の中に広くアピールできるようになる、といったことが今後は起こりやすくなるはずです。

ここで人と人をつなげ、人を動かしていく原動力が熱量です。

理屈でどうこうではなく、人の熱い思いに他の人が動かされるわけです。

昔と違ってネットがあり、SNSが広まったことにより、今は個人個人が誰でも熱い思いを発信できます。さらにそれに対して、誰もが応援できるようになってきました。

最近増えてきたクラウドファンディングがいい例です。「どうしてもこれがやりたい」という熱量をキャッチして、応援したいという人が増え、どんどん資金が集まっていくわけですよね。

こういったシステムが今後ますます市民権を得ていくと思います。

反対に、熱量がないと、テクニックだけでは結果が出にくくなるでしょう。

九紫火星というのは五感で得られる能力も強いので、これからたくさんの人の感覚が鋭くなり、ネットでも画面の向こう側にあるものを鋭敏に感じ取れるようになります。

そうなると、どんなに上手な文章や映像を発信したとしても、気持ちが乗っていなかったら誰にも響かなくなってきます。

実際に、きれいごとばかりのインフルエンサーは、今後支持されなくなってくるでしょう。

逆に熱量があることに関しては伝達のスピードが断然速くなります。

やる気があるのになかなか芽が出なかった人の情報は、口コミで恐ろしいくらいの速さで広がったりもしそうです。

ですから、本気でなにかをしたいという強い気持ちを抱き、勇気を持って行動してみてください。

どんなに突き抜けていても大丈夫。あなたのよさをきっと多くの人が認めてくれるようになりますよ。

1パーセントの可能性を信じてみる

九紫火星には、思い込みが激しく、1パーセントでも可能性があればそこに走れるという特徴があります。その九紫火星の時代には、自分を信じて突っ走っていけば本当になんとかなることも増えると予想されます。

たとえば最近「もうすぐ学歴社会はなくなる」といわれていますよね。それを信じ切って本当に「学歴なんかなくても絶対なんとかなる」と思い込んでいる人は、学校に行かなくてもきっと成功できるでしょう。

一方で「学歴社会が絶対なんだ」となんの疑いもなく思い込み、必死で勉強して東大に入ったような人も、実際にそれでうまくいくと思います。

自分の思いがその人の世界を作り出していくという場面が多くなるともいえます。

自分の思い込みが正しいと本気で信じられて、うまくいくイメージができる人ほど、チャンスが巡ってきて、どんどん活躍できるようになるでしょう。

「潜在意識」を100パーセント発揮する方法

今までもお伝えしてきましたが、潜在意識の力というのは、私たちの想像を超えるくらい絶大なものです。

99パーセント不可能なことでも、1パーセントの可能性を信じられたら、それが現実になるのです。

九紫火星のこれからの時代は、多くの人が1パーセントの可能性でも信じ込みやすくなり、潜在意識の力を実感することになります。

自分が100歳で死ぬという概念を100パーセント消せたら、潜在意識の力で200歳まで生きられるともいわれます。

実際に今では平均寿命がどんどん延びているので、「200歳ぐらいならいけそうだ」

と思い込んで200歳まで生きる人が、もうすぐ出てきてもおかしくありません。

もし誰かが200歳まで生きたら、社会的にもだんだん「200歳まで生きるのが当たり前」という集合意識ができ、本当にそうなってくるでしょう。

でもみんなが「今までは人の寿命がせいぜい100歳だったから、100歳までしか生きられない」と思い込んでいたら、平均寿命はそこでストップします。

このように社会は、思い込みが連鎖して集合意識ができることで変わっていきます。

ある意味バブル期などは、誰もお金がなくなることを疑わず、ずっと豊かさが続くと思い込んでいたからこそ、豊かな世界が作られていました。

誰もが「ある」と思ったらある世界が作れる、ということの表れだったんですね。

そのバブルがはじけたことにより、集合意識の中に「最後にははじける」という恐怖や、「どうせ最後にはうまくいかない」という未来への不信感が生まれてきたのです。

その結果、実際に経済が停滞し続けたわけですね。

バブルの頃「24時間戦えますか」というCMのコピーが流行っていましたが、これは本来、24時間働くという意味ではありませんでした。

仕事に対しても遊びに対しても、すべてに真剣になり、24時間どれだけ生き切るか、ということだったのです。

それがブラックな職場の象徴のように誤解され、「24時間戦うなんてとんでもないことだ」という集合意識に変わってしまったのです。

これから潜在意識を活用して、1パーセントの可能性でも実現させる人がどんどん出てきたら、人々の意識も変わります。「なんでも叶うのが当たり前だ」ということが常識になっていくでしょう。

未知数の時代は
これまでの「枠」がなくなる

未知数のエネルギーのある九紫火星の時代は、今まであった枠がどんどん外れていきます。

日本では今まできっちりとした枠組みがあり、学校で全員が同じ格好で同じような学問を身につけ、同じ価値観を植え付けられていましたよね。全員が同じ枠組みの中に入るような仕組みが作られていたのです。

そこから外れた人は、いくら能力があってもつぶされてきました。

その枠が２０２４年からどんどん外れるので、誰でもどこにでも行けるし、なんにでもなれます。

まだこれからどういう世の中になるかも決まっていないし、本当になんとでもなるのが九紫火星の時代。それが信じられる人は本当になんとでもなるといえます。

絶対無理と思っていたものごとがあっさり実現するようなことも、起こりやすくなるでしょう。

私たちは誰でも子どものうちは、無意識に望むものを引き寄せたりできていました。不可能なことはないと信じられたからです。

でも親がそれを見て、どうせ不可能だからと止めてしまいます。親が止めれば止めるほど、好奇心がなくなり、自分で考えること、感じること、行動することができなくなっていきます。そして実際にどんどん実現が不可能になっていくのです。

一度それが本当に不可能なのか、疑ってみてください。

今までご紹介してきた開運法を実践して、成功体験を重ねていくのもいいと思います。本当は不可能と思っていたことも可能だとわかるはずです。

実際にもう新しい変化は始まっています。コロナ禍で今までの常識が壊れ、リセットされたのもその表れです。

結婚に関しての価値観が大きく変わっていることもそのひとつといえます。

一昔前は結婚より先に子どもができるのは恥ずかしいと思われて、結婚式を挙げるのはありえないことでした。それが今では子どもができてから結婚するのが普通になって、多くの人が結婚式でみんなに妊娠を祝福されています。

さらにこれからは、子どもができたら結婚しないといけないという意識すらなくなりそうです。別に産みたいから産むでいい、結婚すらしない、旦那さんはいらない、という人も増えてくるでしょう。

そんなふうに、もう誰もが思う正解というものはどんどん消えてなくなってきます。

それほど時代が大きく変わっているということに、まず気づきましょう。

自分で勝手に「今まで無理だったんだから、こんなの無理に決まっている」と思っていたら、その時点でアウトです。これから来る想像もしなかった新しい未来に、過去の固定観念はなんの役にも立ちません。

過去のことに囚われれば囚われるほど、なにもできなくなってきますし、なにも願いが叶わなくなってきます。

今まで植え付けられた、普通はありえないという思い込みや固定観念をいかに排除するか、考えてみてください。

✦「個」の価値がもっと認められる！

離合集散で価値がないものが去ると、個々人の本当の価値も浮かび上がってきます。各自の個性が立つ多様性の時代になって、誰でも個性全開で生きられるようになるでしょう。

たとえば今、少し前は芸能人ばかりだったテレビも、それ以外の一般人や文化人が出る場面が増えていますよね。これからはさらに多様化されて、他の人にない特技を持っている一般人が当たり前にテレビに出演するようになります。

またテレビよりＹｏｕＴｕｂｅを見る人が増えていますが、これからさらに多様化して、いろいろなチャンネルが増えます。芸能人もテレビを媒体とせず、ＹｏｕＴｕｂｅで勝負する人がますます増えるはずです。

加えて数字で測ることができること、効率が重視されることはＡＩに任せられるようになります。人間はなにもないところからアイデアを出したり、誰も想像していなかったものをつくり上げたりするなど、枠にはめることができない能力が問われるようになります。成果主義のように数字だけの評価はなくなるでしょう。

そして自分の個性が立てば立つほど、一緒にやりたいという人が集まってきて、その集まりが炎のように力強く広がっていくはずです。九星氣学なども上手に利用し、自分の個性を確立していきましょう。

正解も間違いもなく、自分で選択したものはすべて正解だと思ってください。正解を求めると、間違いが怖くて動けなくなります。自分の軸さえぶれていなかったら、たとえ自分で選択したことがうまくいかなくても、間違いではなく自分の成長にとって必要なことであって、すべて正解だったと信じられます。

つまり、個性を立たせる勇気のある人にとってはなんでもできるいい時代。未知の世界に行くことを恐怖ととらえず、面白いと感じられたら、生きるのがもっともっと楽しくなると思いますよ。

一方で自分の軸を持たず、他人に流されながら生きていた人にとっては、自己を確立するまで苦労が大きいかもしれません。

✦やらなくていいことを捨て、五感磨きに時間を使う

自分の軸を持つために、まずは五感を研ぎ澄まし、感じる力を磨きましょう。
そうしているうちに、自分に合うものが見つかり、自分の正解へとたどり着けます。

昔の人は天気予報がなくても、空気を感じたり、空を見たりして、「風が湿ってるから雨が降るな」「星が輝いているから明日も晴れるな」というように予想していました。

ところが今はネットで調べたらすむので、五感を磨くことがなくなり、感覚が鈍っています。

五感を研ぎ澄ませたらすぐわかることでも、わからなくなってしまったんですね。

でもその感覚はちょっとしたことで取り戻せます。

外に出て、ほんの少し空気を感じる時間を持ってみましょう。

山や海に行って自然に触れたり、本物の絵画を見たり、天然のアロマオイルを使ったりしてみてください。

美しいものを見て、芳香を嗅いで、心地いい音楽を聴いて、手触りのいいモノを触ってみて。そしてその感覚をただ味わってみて。

きっと感覚が戻ってきますよ。

それができないほど忙しいのは、いらない用事でスケジュールをいっぱいにしているからかもしれません。

やらなくてもいいことは捨てて、五感を磨くために時間を使ってみてください。

✦五感を磨く「音楽鑑賞」の力

音楽を聴くことも五感磨きに最適です。普段あまり音楽を聴いていない人なら、朝起きるときや集中したいときに聴くなど、生活の中に音楽を取り入れてみましょう。ジャンルは、自分がそのときに心地いいと思うものならなんでもかまいません。逆にいつも音楽を聴いているという人は、聴いているということを意識しないでただ聞き流しがち。集中して一曲聴いてみる、いつもと違う曲を聴いてみる、ライブに行ってみるなど、ちゃんと意識して音楽に耳を傾ける時間をとりましょう。

自分でアウトプットするのもおすすめです。カラオケに行くのもいいですし、SNSのBGMでお気に入りの曲を発信するのもひとつの方法です。

音楽の魅力のひとつが、気持ちをリセットしやすいこと。悲しい曲を聴いて、悲しい気分に浸るだけ浸ると、その後に晴れやかな気持ちになっていたりしますよね。

音楽を聴けば、切り替え上手になって、未来へ向かって進めるようになります。

チャンスは捨てることで巡ってくる

未知の時代に入る今は、古い考え方を捨てて、新しい自分に変わる最大のリセットチャンスでもあります。

思考のリセットが難しかったら、まずはモノを捨てることから始めてください。その捨てたところに新しいなにかが必ず入ってきて、新しい自分になれるのは間違いありません。

過去に浮気された経験があり、また次の彼氏にも浮気されそうで怖くて恋愛に踏み込めなかったら、まず手始めに元彼とのデートで着た服を全部捨ててみて。過去の思いが薄れて、少しずつ恐怖心が捨てられるようになります。そこからが新しい幸せな恋愛の始まりです。

捨てる以外にも、リセット行動をしてみてください。きちんと睡眠をとったり、自然のリズムに合わせて行動したり、百日恵方参りをしたりするなど、これまで紹介した方法で思考がリセットできます。

モノを捨ててリセットし、価値観を新しくしていけば、神気のエネルギーが入り、きっと時代の大きな変化にも対応できます。

180年に1回という大きなリセットの流れだけでなく、短いスパンで9年に1回、9か月に1回、9日に1回、破壊と再生の流れはやってきます。

その流れに乗ってリセットしていけば、どんどんエネルギーが循環して、あなたの運は必ずよくなっていきます。

大自然は、私たちが自分らしく幸せに生きられるように、ちゃんと流れを作ってくれているのです。

おわりに

開運リセットレッスン、いかがだったでしょうか。

誰にでも実行でき、お金もかからない、簡単な方法ばかりですよね。それだけ、運を変えるのは案外簡単なのです。

自分ができることからどんどんやってみてください。不要なモノを捨てるのはとくに簡単だと思います。今そこにある、ちょっとした紙一枚でもまずは捨ててみてください。

最初は小さなことから始めればいいのです。

そのうち大きなものごとが捨てられるようになります。

私自身も、簡単に手放せないものは多く、今までたくさんあがいたこともあります。

でも、執着を捨て、思い切って手放していったら、リセットしたほうが最終的にはうまくいくことに気づけたのです。

今までで一番大きなリセットは、不妊治療をやめたことでした。

不妊治療をやめるというのは、子どもを持つという将来を捨てること。ずっと子どもが欲しいと思っていた私にとっては、最も大きな覚悟がいりました。

私の場合は何度か流産してつらい思いもしたので、「あれだけお金も労力もかけて大変な思いをしたんだから、子どもができるまでやりたい」という思いを捨てきれず、「次こそはできるんじゃないか」とあきらめきれませんでした。

それまでいろいろなものごとを思い切って手放した私も、これぱかりは決断できなかったのです。でも思い切ってその一番大きなものを捨てたときに、大きく運が開けました。

そのときの変化の感覚は結婚や離婚よりも大きく、まるで人生の第2章が始まったようでした。

そんな自分の経験から、捨てることの苦しみも十分わかります。反面、捨てた後の喜びもわかります。その大きな2つの経験を比べた上で、やはりどんなに苦しくても捨ててよかった、と今は思えます。

そして私は現在、九星氣学への世間のイメージをリセットするために動いています。

九星氣学を学んで自分の生き方に生かしたら、誰でもとても大きな幸運に恵まれるのは間違いないこと。けれども、複雑で難しい印象があり、ハードルが高いと思っている方が多いとわかったからです。

そこで従来の気学の表現はリスペクトしつつ、もっとわかりやすく、すぐに実践しやすいように工夫を重ねているところです。これまでに九星氣学のキャラクターを作り、世界初といわれる九星氣学のアニメも作って、歌も監修しました。

九星氣学のキャラクターに合わせたファッションショーも開催しています。

今までと同じことをしていたら、この時代の流れに逆らうことになると確信しているので、これからも思い切ってリセットしていくつもりです。

さて、その活動を続けていたら、再び大きなリセットに直面することになりました。

今では私の活動のベースであり、自分の故郷となった香川県を離れ、拠点を関東に移すことが決まったのです。

やっと生活が安定して長年同じところに住めるようになったのに、大きな決断をしたものだ、と自分でも思います。でも次のステージに行くために、離れる決心をしました。

しかも、上京を決めたときに九星氣学で運気をチェックしたら、上京するタイミングも吉で、関東が吉方位と、すべてが自分にとって吉だったのです。

そんなふうに、五感で受け取めていると、感覚が研ぎ澄まされ、自分のタイミングと運のタイミングがぴったり合ってきます。そして神気とともに自然に開運の方向へと導かれていくのです。


今は引越しのために、家にあるモノをたくさん捨てています。

これまでたくさんのモノを捨ててきたつもりですが、自分のステージが変わると、新しい自分に合わないモノも出てくるんですね。それを捨てることにより、どんどん次のステージにふさわしいエネルギーの自分へと変わっていくのを感じています。

あなたも、古い自分のエネルギーはどんどん手放し、神気をまといながら軽やかに、次のステップへと飛び出しませんか？

きっと大きな幸運が巡ってきますよ。大丈夫、あなたならきっとできます。

2023年3月吉日

Chie

九星氣学カウンセラー　Chie

1976年生まれ。同志社女子大学短期大学部卒業。株式会社SOHIA代表。現代氣学BAMBOO!代表。起業、借金、3回の流産と2回の離婚を経験するも、どん底だった2008年に九星氣学風水に出会い一念発起。生年月日から導き出す「魅力を引き出す才能発掘講座」「運勢を先読みする月運、年運セミナー」でアナウンサー・俳優・お笑い芸人・起業家・実業家など3万人以上を鑑定する。TVやラジオにも出演しアナウンサーの高橋真麻さんやお笑い芸人ニッチェを鑑定するなどメディアでも幅広く活躍中。

YouTube【氣学9ガールズ】
WEBアプリ【ラキ☆カレ】

モノを捨《す》てると、神気満《しんきみ》ちる
7日間《かかん》で幸運体質《こううんたいしつ》に変《か》わるリセット・レッスン

2023年3月17日　初版発行

著　者　Chie《ちえ》
発行者　山下直久
発　行　株式会社KADOKAWA
〒102-8177　東京都千代田区富士見2-13-3
電話0570-002-301（ナビダイヤル）
印刷所　大日本印刷株式会社

●お問い合わせ
https://www.kadokawa.co.jp/（「お問い合わせ」へお進みください）
※内容によっては、お答えできない場合があります。
※サポートは日本国内のみとさせていただきます。
※Japanese text only
定価はカバーに表示してあります。

ISBN 978-4-04-605996-3　C0095